삶으로 내리는 말씀의 뿌리 02

그리스도인의 성장과 생활 속의 신앙

삶으로 내리는 말씀의 뿌리 02

그리스도인의 성장과 생활 속의 신앙

채영삼 지음

초판 2쇄 발행	2023년 7월 27일
초판 1쇄 발행	2021년 11월 17일
발행처	도서출판 이레서원
발행인	문영이
출판신고	2005년 9월 13일 제2015 - 000099호
기획, 마케팅	신창윤
편집	송혜숙, 오수현
총무	곽현자

경기도 고양시 일산동구 백석로71번길 46, 1층 1호
Tel. 02)402 - 3238, 406 - 3273 / Fax. 02)401 - 3387
E-mail: jireh@changjisa.com
Facebook: facebook.com/jirehpub

책값은 표지에 있습니다.

ISBN 978-89-7435-581-4 (04230) (세트)
ISBN 978-89-7435-583-8 (04230)

신저작권법에 의해 한국 내에서 보호받는 저작물이므로 저작권자의 서면 허락 없이 이 책의 어떠한 부분이라도 전자적인 혹은 기계적인 형태나 방법을 포함해서 그 어떤 형태로든 무단 전재하거나 무단 복제하는 것을 금합니다.

삶으로 내리는 말씀의 뿌리
02

그리스도인의 성장과
생활 속의 신앙

채영삼 지음

이레서원

목차

머리말 7

제1장 어떤 그리스도인이 될 것인가? 사람과 성품의 성장 11

- 달라지고 싶거든 14

  아직, 가야 할 길이 있다 | 달라지고 싶거든 | 진정성 | 말씀 유전자 | 문맥, 문맥, 문맥 | 하나님의 마음으로 | '의심의 해석학'을 의심함 | 보고 싶다 | 그분 안에 거하는 자만 | 살아 있는 지식 | 질문하라 | 생각하는 그리스도인 | 말씀을 배우는 자의 두 가지 덕 | 그때까지

- 신적 성품에서 성장하는 코이노니아 42

  상처 받은 그리스도인 | 따뜻한 태초 | 진리와 사랑 안에서, 함께 성장하기 | 코이노니아의 중심 | 교회 안에 들어올 때마다 | '비인격화'의 영 | 살리는 신학, 죽이는 신학

- 그분은 당신을 버리지 않으셨다 61

  주께서 세우신 목적 | 그분은 당신을 버리지 않으셨다 | 시험 가운데서 기뻐할 이유 | '말'의 구속-그리스도인의 임무 | '마음에 심긴 말씀'을 따라 변화되는, 듣기와 말하기

- 십자가를 통과한 신앙 73

  세속주의와 극단주의 | 성경적 자기 부인 | 번지 점핑 크리스천 | '하나'의 영성 | 십자가를 통과한 신앙 | 괜찮다 | '겸손'의 신학적 정의 | 불쌍히 여기소서

- 부르심, 맡기심, 그리고 사랑에 관하여 88

  청년들의 질문, '나는 어떤 사람인가, 무엇을 해야 하는가?' | 사명의 확인 | '번아웃' 되는 사역자 | 사역과 성장 | '사랑이란 무엇인가?' | 사랑에 관한 팡세(1) | 사랑에 관한 팡세(2) | 경건에 형제 우애를

제2장 어떻게 하나님의 뜻을 따를 것인가? 생활 속의 신앙 109

- 예수 안에서 쉬는 삶 112

  믿을 만한 하나님, 믿을 만한 성도 | 예수 안에서 쉬는 삶 | 크리스천 청년들과의 대화 | 세상이 가난하게도 부하게도 못 하는 사람 | 선을 행해야 하는 이유 | '작은 일'에 충실하려면 '큰 믿음'이 필요하다 | 삶으로 답을 써야 한다

- 처절하게 일상적인 신앙 127

  처절하게 일상적인 신앙 | 성적 평가에 임하는 자세 | 지혜 중에 탁월한 지혜 | 사명인가, 생존인가 | 메시지를 방해하지 않는 삶 | 예수보다 크지 않다면 | 기독교 정통 신비주의와 일상 | 뜻밖의 선지자 | '지혜 충만'을 구해야 하는 시대

- 죄인들의 죄 없는 친구 146

  기독교와 타인의 고통 | 잘한 일 | 근묵자흑? 의와 거룩, 생명을 퍼뜨리는 자들! | 무관심과 오해 속에서도 | 죄인들의 죄 없는 친구 | 친구를 위하여 | '몸'과 포스트모더니티 | '거리'와 '의리'

- 기도 중에 오는 응답 171

  피할 길이 없다 | 회개 | 자유롭게 하는 말 | 너의 어둠을 밟으며 | 기도 중에 오는 응답 | 과정은 시시각각 그 결과를 돌려준다 | 선택

- 낯설어야 하는 것과 익숙해야 하는 것 184

  낯설어야 하는 것과 익숙해야 하는 것 | 제대로, 철저히 계산하라 | 해야 하는 출발 | 삯이 소리 지르며 | 성경적인 '갑과 을'의 원리 | 하나님의 열심과 하나님의 나라 | 공중의 새를 보라 | 부에 대한 책임과 심판 | '직통 계시' 화법

제3장 무엇을 소망하며, 어떻게 인내할 것인가? 삶의 의미와 목적   205

- **온전함과 긍휼**   208

  긍휼에 불붙은 심령 | 온전함을 사모하라 | '육체로' 오셨다 | 누구를 위한 힘이요 권세인가? | 긍휼이 흐르게 하라

- **영원의 관점에서**   217

  재창조는 창조의 역순 | 영원의 관점에서 | 악해져 가는 방식 | '호모 후밀리스' | 말씀과 세상 | 참된 두려움 | 끝까지 눈에 보이지 않는다 | 황홀한 기다림

- **눈물을 흘리며**   234

  한 걸음이라도 | 가짜 재림 예수들의 참을 수 없는 초라함 | '헛되고, 헛되고, 헛되니'-전도서 다시 읽기 | 돌이킬 수 없기 전에 | 영원에서 순간으로 | 말씀의 끝 | 우리 다시 만날 때까지 | 눈물을 흘리며

부록   253

제목 색인 | 성구 색인

머리말

"말씀의 뿌리를 내려야 할 때"

온 세상을 휩쓰는 전염병의 짙은 그늘 아래서 우리의 미래는 더 어두워 보인다. 교회는 더 이상 이전처럼 성장하거나 활력 있어 보이지 않는다. 앞으로 나아가고 싶어도 그렇게 되지 않는다. 사방이 막힌 것만 같다. 하지만 앞으로 나아가는 길이 막혔다면 그리고 뒤로 물러설 수도 없다면, 그때는 위를 바라보아야 한다. 그리고 더 깊이 내려가야 한다. 지금은 그렇게 할 수밖에 없고, 또 그래야 할 때이다.

지금은 낮게 엎드려, 위를 바라보며 하나님의 얼굴을 찾아야 한다. 메마른 땅을 종일 걸어가도 피곤하지 않게 할 생수의 근원을 깊이 파야 한다. 조급한 마음을 내려놓고 멈추어 서야 한다. 멈추어 서도록 하나님께서 막으셨기 때문이다. 우리가 선 자리에서 하나님을 바라보아야 한다. 우리의 구원이시요, 도움이시요, 방패요 산성이신 우리 하나님으로부터 오는 말씀을 기다려야 한다.

그리고 우리를 위하여 주신 말씀을 붙들어야 한다. 마음 깊이 끌어안고, 종일 생각하고 묵상하며, 그 말씀의 칼이 우리의 폐부를 찌르며, 그 말씀이 우리의 모든 병든 세포들을 치유하고 살려 낼 때까지, 그 말씀을 품고 또 품어야 한다.

그 말씀으로 우리가 걸어 왔던 길을 돌이켜 보아야 한다. 왜곡되고 축소된 복음을 회복해야 한다. 교회란 무엇인지, 세상 속에서 그리스도인은 어떻게 살아야 하는지를 꼼꼼히 돌아보고 바로잡아야만 한다. 잘못된 길에서 돌이켜야 한다. 말씀의 길로 돌아와야만 한다. 그래야 장차 교회 앞에 새로운 계절, 다시 꽃피고 열매 맺는 그런 날들을 꿈꿀 수 있다.

더 이상 앞으로 나아갈 수 없을 때, 우리는 위로부터 주시는 말씀을 받아야 한다. 그리고 그 말씀의 뿌리를 우리의 심령과 삶 속으로 더 깊이, 깊이 내려야만 한다. 그것이 장차 더 높이 자랄 수 있는 길이다. 그것이 미래에 푸르고 풍성한 가지들을 더 넓은 땅으로 펼칠 수 있을 기회를 얻는 길이다. 이 땅의 교회는 지금보다 훨씬 더 깊어지고, 훨씬 더 넓어져야 한다. 지금이 가장 좋은 때이다. 말씀을 우리의 삶에 찬찬히 뿌리내리게 할, 가장 좋은 때이다.

이 책은 이 시대 교회의 다양한 고민들을 끌어안고, 그것을 말씀의 풀무 속에 넣어 고민하고 묵상해서 나온 결과물이다. 독자들은 이 묵상의 오솔길을 따라 걸으며, 이 시대에 하나님의 말씀을 어떻게 읽고 행해야 할지 함께 고민해 볼 수 있을 것이다. 설교자들이라면, 말씀과 묵상이 이 시대의 청중에게 어떻게 연결될 수 있을지에 대해 도움을 얻을 수도 있을 것이다.

원래 이 책은 <삶으로 내리는 뿌리>의 개정증보판으로 기획되었는데, 생각보다 훨씬 더 새로운 책이 되었다. 기존의 <신약의 이해> 시리즈에 수록된 '삶으로 내리는 뿌리' 글들은 여기저기 다듬거나, 혹은 대폭 수정하고 보완하여 실었다. 발표되지 않은 새로운 묵상들도 많이 포함되었는데, 이 시대의 교회의 상황에 관한 글이나, 점점 악화되고 있는 지구 환경 문제 같은 주제들도 놓치지 않으려 애썼다.

　바라건대 이 묵상집이, 새 하늘과 새 땅의 소망을 품고 이 세상을 헤쳐 나가는 믿음의 형제자매들에게, 따뜻한 위로와 의미 있는 도전이 될 수 있기를 소원한다. 어려운 시절을 함께 지나가면서, 사랑하는 교회가 주의 말씀을 따라 빚어져 가며, 그 생명으로 가득 채워지고, 결국 그 말씀의 영광으로 빛나게 되기를 소망한다. 그래서 열방이 우리를 통해 복을 얻고, 하나님의 이름이 온 세상에 높여지기만을, 간절히 기도한다.

2021년 여름의 끝에서
채영삼

제 1 장

어떤 그리스도인이 될 것인가?
사귐과 성품의 성장

말씀을 들었다고 바로 순종할 수 있게 되는 것은 아닐 수 있다. 원수를 용서하라는 말씀을 듣고, 바로 용서가 되지 않아서 끙끙거리는 그리스도인들을 많이 보았다. 어린아이가 자신의 힘에 지나는 무거운 물건을 들어 올릴 수 없듯이, 하나님의 말씀의 무게를 감당하기 어려운 때도 있다. 그래서 과정이 필요하고, 연습이 필요하고, 성장이 필요하다.

복음은, 그리스도인의 삶이란 더 이상 '합격, 불합격'을 위한 '시험'이 아니며, 오직 하나님의 은혜와 진리 안에서 생명을 얻고 더 풍성히 얻는 '훈련과 성장'의 과정임을 알려 준다. 무엇이 우리를 성장하게 하는가? 하나님과의 사귐 안에 거하는 것이다. 그 사귐 안에는 생명의 말씀과 아버지의 사랑과 성령의 나눔이 있다. 교회란 삼위 하나님과의 사귐 안에 들어가 거기 거하는 공동체이다. 그 안에서 우리는 의의 성품을 갖추며, 의의 행실을 통해 세상을 회복하는 새 하늘과 새 땅의 백성으로 자라 간다.

달라지고 싶거든

아직, 가야 할 길이 있다

　미리 맛보는 영광, 미리 맛보는 천국의 기쁨, 미리 맛보는 하나님의 사랑, 미리 맛보는 장차 받을 구원의 영광스러움, 그리고 누군가 노래했듯이, '말할 수 없는 내 마음의 비밀'이신 예수, 이 기쁨이 없다면, 고된 나그네 길을 걷기 힘들 것이다.
　그러나 더 중요한 사실은, 이 기쁨, 이 비밀, 이 사랑, 이 축복 속에서 그냥 주저앉게 되는 위험이 있다는 것이다. 십자가에서 패배하는 듯한 그 처참한 광경에 앞서, 변화산상의 영광스러운 예수님의 모습은 바로 그 동전의 뒷면을 보여 주신다.
　우리가 그분의 빛나는 형상을 보고 기억해야 하는 이유, 그 황홀했던 순간을 가슴에 깊이 간직해야 하는 이유는, 우리에게 아직 가야 할 길이 남아 있기 때문이다. 무엇을 위한 축복인가? 무엇을 위한 성장인가? 무엇을 위한 자유요, 무엇을 위한 은혜인가?

목적을 잃은 풍요, 목적을 잃은 자유, 목적을 잃은 승리의 기쁨은, 그 풍요와 그 자유와 그 승리로 다만 그들의 죄악을 덮을 뿐이다. 애굽을 나온 이스라엘은 가나안에 들어갔어야 했다. 그들이 얻은 자유는 하나님의 통치를 드러내기 위해 주어진 것이었지, 광야에서 방황하다가 죽으라고 주신 것이 아니었다.

가나안에 들어가서 승리했던 이스라엘의 풍요와 그들이 '거저 얻었던' 은혜는, 그 땅에서 그 주변 이방인들처럼 살며 그들의 죄악을 덮으라고 주신 것이 아니었다. 거기서 하나님의 법대로 사는 하나님의 나라가 어떤 것인지 그들의 삶으로, 그들의 공동체로, 그들 자신으로 드러내 보이라는 것이었다.

변화산 위에서 주저앉은 교회들, 거기에 화려한 '움막'을 짓고 그 주변에 주저앉는 성도들은 되지 말아야 한다. 참된 성전은 그 아래, 골고다 위에 서 있다. 기독교는, 신앙은, 끝까지 보이지 않는다. 하나님은 보이지 않는다. 보이는 것은 바알이고, 우상들이다.

믿음은 보이지 않는 것의 증거이다. 우리에게 주어진 축복, 은혜, 자유는 십자가의 길, 선을 행하며 의로운 고난을 감내하는 인내의 길, 예수 자신이 가셨던 바로 그 길을 가라고 '나그네와 행인' 된 교회에 주신 선물이요 약속이다. 무엇을 위한 자유인가? 무엇을 위한 축복인가?

"그들이 산에서 내려올 때에"_ 마 17:9

달라지고 싶거든

만일 하나님의 말씀이 참되다면, 그대는 둘 중 하나를 해야 한다. 그 말씀, 그 약속을 액면 그대로 믿든지, 아니면 아예 돌아서든지. 하나님의 약속은 그런 결단을 요구한다. 믿는다는 것은 전폭적으로 나 자신을 그분의 약속에 던져 넣어 버리는 것을 의미한다. 믿든지, 그렇지 않든지이다.

하나님은 '없는 것을 있는 것처럼' 부르신다. 하나님께서 '새로운 피조물'이라 하시면 그대는 진정 새로운 피조물이다. 결코 그 이하일 수 없다. '이전 것은 지나갔다'라고 하셨으면 지나간 것이다. 눈으로 보지 말고 귀로 듣지 말라. 믿음으로 걸으라. 그것은 때로 황당할 만큼 무모하다. 하나님의 말씀이 '새것이 되었도다' 하셨으면 새것이다. 아무도 못 바꾼다. 어쩔 수가 없다.

말씀을 의지하고 뚫고 나아가지 않으면 아무 데도 이르지 않는 것이 믿음 생활이다. 그렇게 해 보라. 제자리이다. 말씀을 의지하고 그대로 믿고 나아가는 일은 단순하지만 절대적이다. 그 순간만큼은 절대적이다. 하나님의 말씀이 그렇다면 그런 것이다. 당신의 상식이나 눈에 보이는 것이나 귀에 들리는 것은 모두 말씀에 대적하여 설 수 없다.

말씀을 미적지근하게 듣지 말라. 말씀은 그런 태도를 용납하지 않는다. 말씀이 옳든지, 그대가 틀렸든지. 말씀이 참이면, 온 세상이라도 거짓이다. 말씀은 절대적인 신뢰를 요구한다.

오직 믿음 위에만 굳게 서라. 말씀이 삶을 만든다. 하나님은 말씀으로 세상을 지으셨다. 하나님의 약속이 미래를 만든다.

당신의 생각이 아니라, 그대의 감정이 아니라, 말씀을 붙들라. 그대의 과거가 아니라, 온 세상이 아니라, 듣고 보는 것이 아니라, 오직 말씀을 붙들라. 오직 그 말씀대로 한 걸음씩 걸어 보라. 그 이전과는 전혀 다른 곳에 이른다. 하나님의 말씀이 그대를 인도하기 때문이다. 그렇게 전진해야 한다. 그래야 달라진다.

"그런즉 누구든지 그리스도 안에 있으면 새로운 피조물이라 이전 것은 지나갔으니 보라 새 것이 되었도다"_ 고후 5:17

진정성

사람을 볼 때, 무엇보다 그에게 진정성이 있는지를 보게 된다. 진정성(authenticity)이란, 마치 편지를 쓰고 친필로 서명을 해서 그 편지가 다른 사람의 것이 아닌 자신의 것임을 표시하는 것과 같은 경우이다. 부족하더라도, 깨어지고 부서졌더라도, 혹은 어떤 대책이 없고 답이 없어도, 그것이 진정 자신의 모습일 때, 그것을 받아들이는 내면의 힘이다.

왜 진정성이 중요할까? 무엇보다 진정성은 그 사람으로 하여금 참된 성장을 가능하게 해 주는 토대가 된다. 두 발을 공중에 딛고 계속해서 앞으로 달리는 방법이 있을까? 한 발을 땅에 딛고, 그다음 발을 땅에 딛어야 전진한다. 상상 속에서는 가능할지 몰라도, 공중에 발을 디디며 전진하는 경우는 만화 속 외에는 없다.

그래서 진정성을 결여하면, 진정한 성장의 기회를 놓치게 된다. 아이가 슈퍼맨 옷을 입고, 가면을 쓰고, 슈퍼맨 놀이를 하고, 사람들이 그 아이를 보고 '슈퍼맨'을 연상한다고 해서, 그 아이가 슈퍼맨이 되지는 않는 것과 같다. 그것은 가면이었고, 그 아이와 그 가면 사이에는 엄연한 분리가 있기 때문이다.

물론 진정성이 진리(眞理)를 보장하지는 않는다. 하지만 진정성은, 진리를 향한 참된 성장을 가능하게 한다. 학생들을 가르치면서 보면, 가장 지속적으로 그리고 빠르게 성장하는, 확실하게 성장하는 학생들은 역시 진정성을 갖춘 학생들이다. 그들은 겉모양을 그리 중요하게 생각지 않는다. 모든 것을 다 잘하려고 하지도 않는 것 같다. 교수의 가르침이라고 다 고개를 끄덕이지도 않는다. 결과에도 크게 개의하지 않는다.

하지만 자신의 마음과 생각에 부딪혀 오는 것은 명확히 잡아내고, 그렇게 자신의 본질로 다가온 것을 쉽게 놓지 않는다. 집중력을 발휘한다. 남들이 보기 좋으라고, 여러 가지를 갖추고 널어놓는 일 대신, 자신의 궁극적 관심과 질문을 따라, 자기의 길을 걸어간다. 그래서 알게 되면 명확히 알게 되고, 진정성 없이 다가오는 것들은 걸러 내는 집중력을 보인다.

진정성을 결여하면 어떻게 될까? 구색을 맞추게 된다. 그러나 그렇게 맞춘 구색들 가운데 정작 자신의 것은 거의 남아있지 않게 된다. 열심히 내달리지만, 자기를 어디에 두고 달리고 있는지조차 잊어버리는 때가 많다.

늘 남을 의식하고, 사회의 눈을 의식하고, 남의 목소리에 흔들리기를 반복한다. 쌓아 놓지만 성장하지는 않는다. 여러 가지를 갖추지만 온전해지지는 않는다. 진정으로 본질에서 성장하지 않기 때문이다.

하나님께서는 진정성 있는 심령을 찾으신다. 상하고 통회하는 상태라도, 자신의 심령 그대로를 받아들이는 사람이다.

이렇게 해야 진정한 만남이 가능해지기 때문이다. 진정한 인격 간의 만남에는 울림이 있고, 서로가 서로에게 색(色)을 입힌다. 그리고 변화한다.

우리는 진정한 심령으로 그분을 만나고, 말씀을 만나고, 서로를 만나, 변화와 성장을 계속한다. 만나지 않으면, 그런 성장은 불가능하다. 내가 타자(他者)와 만나려면, 내가 나이어야 한다. 진정성이 있어야 한다. 그렇지 않으면, 인생은 온통 가면무도회가 되고 만다. 끝나면 허무한 연극 말이다.

긴 이야기를 했다. 여러 가지 스펙들을 두루 갖추면 정말 성공할까. 그것이 내 것이 아니라도 결과만 화려하게 꾸며 놓으면, 정말 주님이 인도하시고 내가 원하는 그런 사람이 될 수 있을까. 다른 사람들이 보는 나의 모습을 화려하게 수놓으면, 정말 그런 대접을 받고 살 수 있을까.

왜 그러고 싶어 하는지 충분히 이해하지 못할 일이 아니다. 세상이 그렇게 생각하도록 부추기기 때문이다. 나를 어딘가에 두고 달려온 지 너무 오래된 탓이기도 할 것이다. 그러는 중에 허무함과 고독은 계속된다. 진정성을 잃은 대가는, 모든 것을 얻어도 자신을 잃어버리는 고독이다.

내가 없으면, 타자와의 만남도 불가능하다. 그것은 원인을 알 수 없는 고독을 의미한다. 혼자 있지 못하는 사람은 그래서 고독하다. 자신이 어디에 있는지 모르기 때문이다. 그래서 진정성은 가난할 수 있지만, 고통스러울 수는 있지만, 공허하지 않을 가능성을 열어 준다.

최소한 나는 나와 더불어 있기 때문이다. 그리고 그런 나는, 치열한 진정성 속에서 타자들과 살아 있는 만남으로 진정으로 풍요해지는 길을 열어 준다. 그리고 점차 뚜렷하게 성장해 나간다.

내가 나와 분리된 상태에서 내가 진정으로 성장한다는 것은 불가능하다. 변하지 않는 자신과 사는 것은 무척 지루한 일이다. 원래의 모습으로 피어나지 않는 꽃을 보는 것, 원래의 이름대로 열매를 달지 않는 나무를 보는 것은, 거의 고통이다. 부디, 다른 것들은 다 잃어도 진정성만큼은 붙드는 사람이 되기를, 진심으로 기도한다.

> "만일 우리가 죄가 없다고 말하면 스스로 속이고
> 또 진리가 우리 속에 있지 아니할 것이요"_ 요일 1:8

말씀 유전자

야고보가 전해 주는 복음은 새롭다. 예수를 믿었다는 것, 예수님을 받아들였다는 것은 무엇보다 당신의 심령에 하나님의 말씀이 심겨 있다는 사실을 뜻한다. 이 구원의 사실은 무엇보다 '사실'(fact) 이다. 당신 속에는 말씀의 DNA가 심겨 있다.

이것이 복음이다. 새끼 도마뱀이 자라면 도마뱀이 되고, 어린아이가 자라면 성숙한 사람이 되듯이, 당신 속에 심겨 있는 이 말씀, 이 말씀 DNA는 당신으로 하여금 자꾸 말씀으로 인해 '온전하고 구비하여 조금도 부족함이 없는' 사람을 꿈꾸게 할 것이다. 계속해서 당신으로 하여금 온전하고 구비하여 조금도 부족함이 없는 사람'처럼' 생각하고 행동하기를 요구할 것이다. 당신은 그것을 어쩔 수가 없다. 그것이 복음이다.

해바라기 씨앗을 심으면, 해를 향해 얼굴을 돌리며 피어나는 해바라기를 보게 된다. 예수를 믿으면 그의 안에 심긴 말씀 때문에, 하나님을 사랑하고 두려워하는 사람, 하나님을 경외하는 사람이 되어 간다. 그래서 예수를 믿으면 그의 심령 안에 심긴 하나님의 말씀 때문에 그는 이웃을 사랑할 수밖에 없는 사람으로 변해 간다.

그것은 영적으로 너무도 자연스러운 과정이다. 그래서 더욱더 당신은 하나님의 말씀에 귀를 기울여야 한다. 더욱더 당신은 그 말씀의 길을 따라가야 한다. 그것이 당신의 길이기 때문이다. 다른 길은 없다. 다른 길은 당신을 진정 당신으로 꽃피우게 하지 못한다. 사람이 도마뱀이 될 수는 없지 않은가?

그러므로 마치 말씀대로 살 수 있는 사람'처럼' 생각하고 행동하라. 마치 예수님처럼 생각하고 말하고 행동할 수 있을 것처럼 그렇게 살아야 한다. 그 '처럼'이 '진짜'가 되기 때문이다. 예수를 받은 당신에게는 그 예수의 모습 그대로를 담은 말씀 DNA가 심겨 있다. 그날에 그분이 완성하시겠지만, 당신은 오늘도 마치 말씀대로 완성될 사람처럼 살아야 한다.

그래서 당신의 마음에 심긴 말씀을 온유함으로 받아야 한다. 모든 더러운 것을 버리라. 당신과 어울리지 않는다. 넘치는 악을 내버리라. 당신과 맞지 않는다. 분을 그치고 노를 버리라. 당신은 그렇게 될 사람이 아니다. 당신은 말씀을 듣고 잊어버릴 수 있는 종류의 사람이 아니다.

그 말씀은 당신의 피가 되고 살이 되어, 당신을 온전하고 구비하여 조금도 부족함이 없는 사람으로 빚어 낼 때까지, 당신 속에서 당신을 만들어 가는 하나님의 강력한 의지이다. 그분의 뜻이요 섭리이다. 그분의 구원과 재창조의 능력의 말씀이시다. 모든 감사함과 온유함과 순복함으로, 당신 안에 심긴 말씀을 받아들이라.

> "그러므로 모든 더러운 것과 넘치는 악을 내버리고
> 너희 영혼을 능히 구원할 바 마음에 심어진 말씀을
> 온유함으로 받으라" _ 약 1:21

문맥, 문맥, 문맥

성경 해석에 있어서 가장 중요한 요소가 있다면 '문맥'(文脈)일 것이다. 해석하고자 하는 그 본문이 속해 있는 전후 문맥, 전체 문맥이다.

만일 본문의 저자가 <A-B-C-D>를 말했는데, 여기서 A의 의미를 알고 싶으면, 그 A가 <A-B-C-D>라는 문맥의 연결 고리 안에서 어떤 의미인지를 찾아야 한다.

A의 의미를 해석하는 데 있어서, B-C-D라는 고리를 끊어 버리고, 또 다른 어떤 문맥, 종종 해석자 자신의, 예컨대, <가-나-다-라>라는 문맥 안에 A를 집어넣으면 어떻게 되는가?

즉, 원래 본문인 A를 해석하면서 <A-나-다-라>라는 식으로 읽으면 어떻게 되는가? 그런 것은, 좋은 의도이든 나쁜 의도이든, 좋게 말하면 '오독'(misreading)이요 나쁘게 말하면 '무례'한 읽기이다.

그 본문을 이야기한 저자의 '전체 문맥'을 무시한 것이기 때문이다. 사실, 모든 오해, 가짜 뉴스, 나쁜 뉴스는 이런 식으로 발생한다. 어떤 사람이 한 시간 동안 여러 말을 했는데, 그 중에 한두 마디만 달랑 떼어서, 그것을 '전혀 다른 문맥' 안에 집어넣어 전달하면 어찌되는가?

그래서 성경을 해석할 때, 그 본문이 '속해 있는 전후 문맥'이 중요하다. 그 전후 문맥뿐 아니라 그 전후 문맥이 속해 있는 책 전체, 그리고 더 나아가서 그 책이 속해 있는 정경 모음집, 더 나아가서 신약이면 신약, 구약이면 구약, 그리고 성경 전체의 문맥이 중요하게 되는 것이다.

결국은 한 분 하나님께서 구약과 신약을 통해 일관되게 말씀하신 것이 성경이기 때문이다. 그래서 성경 신학이 중요하게 되고, 그래서 그 성경 신학에 기초한 조직 신학의 교리들이 성경 해석의 뼈대가 되는 것이다.

'성경이 성경을 해석하게 하라'는 말도 이런 맥락과 다르지 않다. 어떤 사람이 어떤 말을 했다 하자. 그러면 그 말의 의미를 가장 잘 설명해 줄 수 있는 사람은 누구인가? 그 사람 자신이 아닌가?

성경 해석의 경우는 그래서 성경 전체의 문맥과 그 성경을 기록하신 성령의 도우심이 결정적이 된다. 저자의 의도가 '문맥'으로 보존되어 있을 뿐 아니라, 저자이신 성령께서 친히 조명하여 그 말씀을 깨닫게 하셔야 제대로 알게 되기 때문이다.

'문맥'은 그래서 저자의 의도를 보존하는 장치이다. 누구도, 그 문맥 자체가 결정해 놓은 틀을 벗어나서는 저자가 의도한 바를 제대로 설명할 수 없고 그렇게 해서도 안 된다. 그것은 '오독'이기도 하지만, '무례'한 일이다. 저자의 말을 '충분히 듣지' 않겠다는 뜻이기 때문이다.

그것이 '자본주의적, 번영 신학적' 성경 읽기이든, '이데올로기 비평, 퀴어 비평적' 성경 읽기이든, 원래 A라는 본문을

<A-나-다-라>로 읽든지, <A-1-2-3>으로 읽든지, 결과는 마찬가지이다. 저자의 '말'을 내가 '내 문맥' 안에 떼어 가져다 붙여 놓고 읽는 성급함과 자기중심성에 갇혀 버리게 되기 때문이다.

그래서 성경 '해석'에서 있어서 가장 절실한 덕목은 '겸손함'과 '듣기'이다. '부지런함'도 필요하지만, 본문 앞에서 '자기 자신의 문맥까지' 내려놓을 수 있는 겸손함과 그 '자신의 문맥' 자체가 깨어져 나가고 새롭게 구성되기까지를 허용하는 '집요한 듣기'가 있어야 한다.

그러한 '철저한 듣기와 치열한 대화, 그리고 진실한 응답'이 반복적으로 일어나야 한다. 내 자신이 고집하는 '문맥'이 깨어져 나가고, '저자 자신의 문맥 안으로' 들어가는 '해석학적 만남'이 일어나야 한다.

'하나님의 말씀'이라고 믿는 성경을 대하면서 그런 '겸손함'과 '철저한 듣기'가 없는 '부지런함'이란, 전속력으로 잘 달리지만 고속도로를 역주행하는 차와 같다고 할 수 있다.

그것이 일정 부분 명민하고 무언가 시원하게 하는 부분이 있을지라도, '계시의 말씀'을 보고도 그 말씀을 하신 분이 아니라, 결국 막다른 길의 끝에서 '자신의 얼굴'밖에 확인하지 못하는 자기 폐쇄적 해석이 되고 말기 때문이다.

성경 해석의 결과는 하나님 자신과 그분의 나라가 드러나는 것이어야지, 자기 자신의 형상과 그런 자신의 비좁은 세계가 증거되는 것이어서는 안 된다. 그런 것이 '이디아스'(ἰδίας, 사적[私的]인, 어리석은), 즉, '자의적'(벧후 1:19-21) 해석의 시작이다.

"먼저 알 것은 성경의 모든 예언은 사사로이 풀 것이 아니니"
_ 벧후 1:20

하나님의 마음으로

그러므로 기도해야 한다. 기도할 때, 성령께서 나의 심령을 샅샅이 살피사, 어떤 거짓된 동기, 악한 뜻이 숨어 있는지 밝히 드러내어 주시기를 간절히 간구해야 한다. 우리는 종종 겉으로 칭찬하면서 속으로 저주한다. 자주 '주님의 일을 한다'고 외치면서 자기의 유익만을 이루어 가려 한다. 위로한다고 하면서도 자기 자랑을 늘어놓는다. 환영한다고 하면서 자리를 내주진 않는다. 알면서도 그렇게 하지만, 스스로도 속는다.

자주 이치(理致)를 따진다. 그렇게 하는 것이 가장 합리적이라고 말하지만, 실은 그렇게 함으로써 누군가에 대한 미움을 쏟아 버리고, 그에게 복수하고 싶은 동기를 숨긴다. 자주 공평을 외친다. 그렇게 하는 것이 정당하고 공평한 것이라고 외치면서도, 실은 벼랑에 선 사람의 등을 떠미는 일에 눈을 감는다. 성령께서 우리 심령의 동기를 낱낱이 드러내어 보여주지 않으시면, 우리는 스스로의 어둠 속에서 실족하고, 남을 넘어뜨리고 자신도 넘어진다.

합리보다, 공평이나 법보다 근본적인 하나님 나라의 토대는 은혜이다. 하나님은 사랑이시다. 그분의 은혜 없이는 아무것도 존재하지 않는다. 그 위에 정의와 공평, 합리와 법을 시행해야 한다. 질서를 바로잡아야 한다. 원칙대로 해야 한다. 하지만 그 이면에 하나님의 긍휼이 기초되어 있어야 한다. 진심으로, 하나님께서 우리 마음의 동기를 살피사, 하나님의 마음으로 행하게 해 달라고 간구해야 한다.

그것이 하나님의 주권을 우리의 삶 속으로 흘려 보내는 방법이다. 하나님은 아신다. 우리는 그분의 통치를 막는 자인가, 그분의 통치가 우리를 통해 흘러가게 하는 통로인가?

"긍휼히 여기는 자는 복이 있나니" _ 마 5:7

'의심의 해석학'을 의심함

성경 본문을 대할 때, '의심'을 기본 전제로 접근하는 것은 자연스럽지도 않고 합리적이지도 않다. 우리는 어떤 사람과 대화할 때, 그 사람이 '자주 거짓말을 하는 악인'이라는 확증이 없는 한, 일단 그가 하는 말을 믿는다는 것을 전제하고 듣는다.

만일 당신이 성경의 저자이신 성령 하나님과 인간 저자들이 모두 '거짓말을 쉽게 하는 악인'이라고 확신할 수 없다면, 성경을 읽을 때에 신뢰하는 태도로 접근하는 것은 당연하고 합리적인 태도이다.

'인간의 말'은 확실히 종종 거짓과 위선의 산물이다. 특히, 정치적인 말, 조작을 통해 상대를 지배하고, 자신의 욕망을 관철하고자 만든 '프로파간다'(propaganda)와 같은 말들은, 액면 그대로 믿을 수가 없다. 표면상의 문법적, 구문론적 구조를 해체하여 그 배후에 있는 저의를 폭로해야 비로소 그 말의 권력적 의도를 파악할 수 있다.

그렇다면 성경도 그런 '인간의 말로 가득한' 거짓과 위선의 산물일까? 적어도, 성경 자체가 성경은 그런 악의에 오염되지 않은 하나님의 거룩한 말씀이라고 증거한다. 성경 자체만이 아니라, 성경의 저자들이나 예수님 자신도 성경이 진실한 하나님의 말씀이라고 증거하고 있다.

아, 그런 성경의 자증(自證)적인 본문들도 모두 '교회의 혹은 배후 공동체의 산물'이라고? 그렇다, 이것이 확실히 근대 이후 '비평학'의 전제이다. 일단 성경 자체를 다른 모든 본문(text)들처럼, 오염된 인간의 권력 의지, 적자생존을 위한 의지의 산물로 보는 것이다.

그러므로 성경을 대할 때 기본적으로 '의심의 해석학'을 택할지, 아니면, '믿어도 되는 하나님의 진실성 있는 말씀'으로 볼지를 결정하는 것은, 사실 해석의 문제 이전에, 저자에 대한 믿음의 문제이다.

믿음의 눈으로 성경을 보는 편이 훨씬 더 합리적인 이유가 있다. 성경을 의심의 눈으로 보기 시작하면, 그것을 왜 받아들여야 하는지를 논증하는 모든 부담을 의심하는 자가 져야 하기 때문이다.

예컨대, 성경이 말하는 어떤 명백한 본문의 주장을 '가짜'라고 의심한다면, 그런 '대담한' 주장을 하는 해석자는 그 이후에 나오는 그만큼 명백하거나 그보다 덜 명백한 모든 본문들의 '진위'(眞僞)를 동일한 무게로 검증해야 하는 책임을 져야 한다. 그렇게 일관되게 증명하지 않는다면, 그것은 불공정한 직무 유기가 되어 버리고 만다.

성경 본문에 대한 '선택적 의심'을 수행하고 있는 것이다. 본문의 어떤 부분은 명백함에도 '의심하고' 다른 부분은 덜 명백함에도 받아들이는 해석자의 선택적 의심은 어디에서 나오는가? 그것은 결국, 그 자신의 '자의적 욕망'을 따라 본문을 '재구성'하고자 함이다.

어려운 말이 아니다. 본문에서 저자를 배제하거나, 의심하거나, 저자의 문맥을 자의(自意)로 해체하는 것은, 결국 상대방이 무엇이라 말하든, 나는 내가 듣고 싶은 대로 듣겠다는 '일방적이고 무례한 대화'의 한 예일 뿐이다.

해석은 어렵다. 본문에 저자가 있기 때문이다. 본문에 저자가 없다면, 해석은 '독백'(monologue)이 된다. 거기에는 '진정한 만남'도, '진정한 변화'도 일어나지 않는다. 결국 혼자이기 때문이고, 바벨탑 아래 갇힌 '소통 불가'의 방식이기 때문이다.

본문에 저자가 있는 것은 확실히 부담이다. '들어야 하기' 때문이다. 내 생각, 내 욕망, 내 의지대로 본문을 쉽게 해체할 수 없다는 뜻이기 때문이다. 오히려 저자가 무엇을 의미하는지를 들어야 할 뿐 아니라, 본문이 해석자 자신 안에 도사린 어떤 것을 해체하고 싶어 하는지에 대해서도 열려 있어야 하기 때문이다. 그래서 성경의 해석자는 겸손히 듣는 것을 최우선적인 덕으로 삼아야 한다.

> "그 중에 알기 어려운 것이 더러 있으니 무식한 자들과 굳세지 못한 자들이 다른 성경과 같이 그것도 억지로 풀다가 스스로 멸망에 이르느니라" _ 벧후 3:16

보고 싶다

나는 네가 말씀을 품어 내는 것을
보지 못했다. 너는, 너를 붙들고 울지만,
나는 네가, 말씀을 붙들고, 말씀 때문에

통곡하는 소리를 듣고 싶다.
그날이, 네가 너를 찾는 첫날이
될 것이기 때문이다.

모세도, 아브람도, 그리고 그 새벽의
시몬도, 그리고 바울이 된 사울도,
그 빛 앞에 고꾸라졌다. 아무도,
말씀의 빛이 그를 통과하지 않으면,
자신이 누구인지 알 수 없다.

나는 네가,
말씀을 품어 내는 것을
보고 싶다.

"내 말이 너희 안에 거하면"_ 요 15:7

그분 안에 거하는 자만

누가 성령 충만한 사람인가? 예수는 성령 충만한 결과로 결국 하나님의 법, 하나님의 말씀에 순종하는 일에 '성공'했다. 성령 충만의 결과는 말씀에 대한 순종이다. 새 언약의 핵심이 그것이다. 종말에 성령이 오시고, 성령은 우리로 하여금 하나님의 뜻에 순종하게 하신다. 당신은 성령 충만한가? 어떻게 그것을 아는가? 다른 사람들은 내가 성령과 함께 거함을 어떻게 알게 되는가?

흔히 말하는 성공이란 세상적 기준에서 하는 말이다. 사실 모든 인간은 실패했다. 하나님이 지으신 세상에서, 하나님이 맡기신 세상을 하나님의 뜻대로 다스려야 하는 인간 본연의 특권과 사명에서 성공한 사람은 아무도 없다. 아담도, 이스라엘도, 욥도, 교회도 실패했다. 오직 하나님의 아들만 승리한다. 그분 안에 거하는 자만 승리한다. 신앙은 그분 안에서 행하는 선택들로 이루어진다.

결정적인 순간에 과연 돈을 택할 것인가, 하나님의 말씀을 따를 것인가? 결정적인 순간에 과연 하나님을 의지할 것인가, 다른 무엇을 의지할 것인가? 과연 그의 사랑을 의심할 것인가? 결정적인 순간에 과연 안일(安逸)을 얻고자 불의와 악에 내 마음을 넘겨줄 것인가, 아니면 하나님께만 항복할 것인가?

나 혼자서는 절대로 승리할 수 없는 싸움이다. 예수께서 승리하셨다! 그가(!) 이기셨다. 그러므로 오직 예수 안에서 예수의 능력으로 선택해야, 비로소 예수의 길을 따라갈 수 있다. 좁은 길이지만 그 끝은 영광이다. 승리한 그분 안에 거하는 자만 승리한다.

"나를 떠나서는 너희가 아무 것도 할 수 없음이라"_ 요 15:5

살아 있는 지식

루터에 대한 말들 말고, 루터를 직접 읽으라. 아우구스티누스에 대해서 쓴 글들만 보지 말고, 아우구스티누스를 읽으라. 웨슬리에 대해 당신의 선생들이 한 말을 믿기 전에, 직접 웨슬리를 읽어 보라.

들어 왔던 것과는 다를 것이다. 언제까지나 누구누구의 설교를 듣고 만족하지 말고, 성경에 대한 주석들의 파도에 휩쓸려 다니지 말고, 말씀을 직접 읽고, 생각하고, 부딪히고, 믿고, 행동하고, 다시 기도하고, 다시 읽고 또 경험해 보라. 남이 씹어 준 음식을 먹는 때가 필요하지만, 그것은 아이였을 때 뿐이다.

언제까지나 '그렇다더라'의 세계 속에서 판단하지 말고, 진짜 그러한지 직접 만나 보라. 예컨대, 모든 시(詩)는 이와 같은 만남, 이런 직접성에서 나온다. 참고 자료를 인용해서 시를 쓰는 시인은 없기 때문이다. 사실 살아 있는 모든 지식은 이런 진정성(眞正性)을 가져야 한다. 직접 만나 보라.

"말씀이 육신이 되어 우리 가운데 거하시매"_ 요 1:14

질문하라

학생들이 질문한다는 것은 마치 땅속에서부터 새싹이 솟아올라 오는 것 같은 일이다. 그것은 자기 자신의 발견이다. 아직은 질문의 형태이지만 거기에 자기 자신이 묻어 있기 때문이다. 그동안 땅에 묻혔던 자신이 올라오는 것이다.

그래서 질문이 중요하다. 다른 사람의 질문이 아니라 내가 궁금해지는, 나에게 의문이 되는 그런 질문이 중요하다. 나의 질문은 위대하다. 그것이 '나의' 질문이기 때문이다.

'엉뚱한' 질문이란 존재하지 않는다. 모든 질문은 위대하다. "사과는 왜 사과나무에서 떨어지는가?" 만유인력의 법칙을 발견한 뉴턴의 이상한 질문이었다.

"나같이 악한 사람이 어떻게 지극히 선하시고 거룩하신 하나님을 만날 수 있다는 말인가?" 다시 성경에서 이신칭의의 복음에 눈을 뜨게 한 루터의 질문이었다. 당신의 질문은 당신의 시대의 질문이고 당신의 세대의 질문일 수 있다.

모든 배움은 질문을 소중하게 대해야 한다. 배움은 만남이고, 만남은 대화이며, 대화는 질문으로 이어지기 때문이다. 욥은 처절하게 물었다. 왜 의인에게 이런 고통이 있느냐고. 모든 질문에 답이 있을 필요는 없다. 질문은 그것 자체로 발견이다. 그것 자체로 하나의 벌써 빛나는 만남이다.

하나님께서 주시는 답은 당신의 질문을 뛰어넘을 것이다.

그래서 질문은 새로운 세계를 여는 힘이다. 그런 놀라운 세계는 문 앞에 '질문'의 손잡이가 달려 있다. 당신 자신을 만나는 일도 당신이 하는 질문에 달려 있다. 당신 자신을 만나라. 질문하라.

"당신은 유대인으로서 어찌하여 사마리아 여자인 나에게
물을 달라 하나이까" _ 요 4:9

생각하는 그리스도인

생각하는 그리스도인이란, 흔히 말하듯 머리만 커져서 가슴은 차갑고 행동은 없는 그런 지성을 말하지 않는다. 생각하는 그리스도인이란, 영성과 맞닿아 있는 지성의 활동이 살아 있는 그리스도인이라는 뜻이다.

생각한다는 것은, 파악하고 분별하는 활동, 그래서 무엇을 믿을 것이며 무엇을 거부할 것인지를 결정하는 판단의 근거를 찾는 활동이다. 그래서 중요하다. 진리의 말씀의 빛 아래서 거짓된 말들과 생각의 어둠을 밝힐 수 없다면, 거짓의 어둠으로부터 진리의 말씀이 가진 생명을 지켜 낼 분별력이 없다면, 그는 거짓말을, 자신도 모르게, 의식하지 못한 채 그 거짓된 생각을 믿게 된다.

거기서부터 거짓은, 가공할 만한 위력으로 그의 삶과 세상을 파괴할 능력과 통로를 얻는다. 끊임없이 생각과 말들을 진리의 말씀의 빛 아래로 끌고 들어와야 한다. 그 밝은 빛과 영원한 생명 안에서, 그 거짓말의 어둠을 낱낱이 들여다보고, 그 말들과 생각들을 그 어둠에서 해방시키는 것, 그것이 그리스도인의 '생각하기'이다.

진리의 성령 안에서 말씀의 빛 안에서 그리스도인이 생각하고 분별하기를 멈추면, 그는 자신이 선하다고 믿었던 것들이 우상(偶像)으로 돌변해 자신을 노예로 부리며, 자신의 삶을 파괴하는 것을 보게 될 것이다. 모든 것은, 들은 것과 생각하는 것을 믿는 데에서 시작한다. 거기가 우상을 주께 굴복시키는 자리이며 동시에 우상이 태어나는 자리이기도 하다.

"하나님 아는 것을 대적하여 높아진 것을 다 무너뜨리고
모든 생각을 사로잡아 그리스도에게 복종하게 하니" _ 고후 10:5

말씀을 배우는 자의 두 가지 덕

겸손함과 부지런함. 이 두 가지 태도가 있어야, 하나님의 말씀을 제대로 읽을 수 있다. 겸손함이란, 지금 내가 읽고 있는 성경이 '하나님께서' 말씀하셨고, '하나님에 의해' 전달되

었고, '하나님을 통해' 이해하게 되는 말씀임을 인정하는 것이다(벧후 1:19-21).

지금 내 앞에 있는 이 성경은, 내가 칼로 배를 가르고 현미경으로 들여다보면 그 속을 다 볼 수 있는 개구리가 아니다. 땅을 파서 붓으로 흙을 떨어내면 그대로 발견할 수 있는 공룡의 뼈 같은 것도 아니다.

성경은 죽은 말씀이 아니다. 지금도 살아 계신 하나님이 그 배후에 서 계신 말씀이다. 인간 저자들을 통해 그 성경을 기록하게 하신 그분께서, 그 성경을 읽고 있는 우리 자신 속에 '빛'을 비추셔서 그 말씀이 '하나님의' 말씀임을 알게 하신다.

그러므로 성경을 내가 내 머리와 경험과 논리로 다 분석하면 그 의미를 전부 알 수 있을 것이라고 단정해서는 안 된다. 해석자와 성경의 관계는, '나의 그것(it)'이 아니다. 인격적 관계여야 한다. 적어도 '나의 너'의 관계여야 한다. 나에게 '너'는 단지 분석의 대상일 수가 없다. '너'라는 그 해석의 대상이 자신을 열어 보여 말해 주지 않으면 알 수 없는 것들이 있기 때문이다. 그것이 인격 관계에서 오는 지식이다.

그래서 성경 읽기는 만남과 사귐과 기다림이 요구되는 해석 작업이다. 더구나, 성경 읽기는 '나와 너'의 관계 그 이상이다. 내가 해석하려고 하는 그 대상인 성경이, 나를 창조하시고 구원하시고 거듭나게 하시고 심판하실 바로 그 '하나님의' 말씀이기 때문이다.

그러므로 말씀을 읽는다는 것은 '나와 하나님'과의 관계 속으로 들어간다는 뜻이 된다. 그래서 말씀을 읽는다는 것은 곧 예배가 되고, 기도가 되고, 순종이 되고, 찬송이 된다.

하지만 성경 읽기가 이렇듯 '계시' 앞에서 하는 '경건'의 차원이 있다고 해서, 말씀을 분석하고 이해하려는 노력을 게을리해서는 안 된다. 성경 본문에 '본도, 갈라디아, 갑바도기아, 아시아, 비두니아'라고 기록되어 있으면, 그 지역이 어디인지 지도에서 찾아보려는 부지런함이 있어야 한다. 문법도 꼼꼼히 살피고 따져 보아야 한다. 그런 것들은 부지런한 공부를 통해 되는 일이지, 단지 기도한다고 신비한 방법으로 알아지지 않는다.

그래서 말씀 맡은 자는 부지런해야 한다. 원문의 단어 하나하나를 뒤집어 보기를, 마치 강가에서 조약돌 뒤집듯, 하나씩 뒤집어 볼 만큼 찬찬하고 꾸준하고 철저해야 한다. 냇가에서 가재 잡을 때는 그렇게 하면서, 성경 볼 때는 대충대충 하는 습관은 어디서 왔는가.

부지런하지 않으면, 말씀을 감당할 수 없다. 성경을 성경대로 해석해 줄 수 있는 신학과 그런 방법론을 꾸준히 갈고 닦을 마음이 없이, 대충대충 설교하려는 태도를 버려야 한다. 먹을 음식을 대충대충 상한 재료로 만들지 않듯이, 그것을 먹고 영원히 살 말씀도 그렇게 다루면 안 된다.

부지런하다는 것은, 뜻을 묻기에 지치지 않는다는 뜻이다. 내 뜻이 아니라, 성경 안에 있는 그분의 뜻을 찾아, 그 뜻이 나를 깨뜨리고, 넓히고 나를 이전에 있던 곳에서 다른 곳으로, 그분이 계신 자리로 옮겨 놓을 때까지, 그의 뜻을 궁구하여 찾는 갈급함이요, 사랑이요, 기도이다.

  오늘날, 말씀을 대하는 신학생, 설교자의 태도가 너무 가볍다. 게으르기 때문일 것이다. 내가 원하는 다른 것들에, 원하는 만큼 시간을 다 쓰고, 남은 시간에 그의 뜻을 찾기 때문이다. 그것은 마치 상대를 앉혀 놓고 말을 시킨 다음, 자신은 다른 일을 하며 그 말들을 그저 흘려듣는 태도와 같다.

  온 지성과, 감성과, 신앙과 의지를 다해 들어도, 말씀은 쉽게 그 세계를 열어 보이지 않는다. 조금씩, 조금씩, 여명이 밝아오듯, 찾는 자에게 비추신다. 말씀을 맡은 자들이여, 교회 앞에서, 강단 앞에서, 성도 앞에서 진실하려거든, 부지런하라. 말씀에 착념하고 부지런히 그 뜻을 찾으라. "너희가 온 마음으로 나를 구하면 나를 찾을 것이요 나를 만나리라"(렘 29:13).

> "또 우리에게는 확실한 예언이 있어 어두운 데를 비추는
> 등불과 같으니 날이 새어 샛별이 너희 마음에 떠오르기까지
> 너희가 이것을 주의하는 것이 옳으니라" – 벧후 1:19

그때까지

그때까지 견디어라. 아이야.
너를 붙드신 주께서 오직 그분의 방법으로
불속으로든 물속으로든 태우시고 씻으시고
오직 그분의 영으로 다루실 때에
아이야, 울고 깨어지며 또 깨어지고
죽었다 살아나도 견디어라.
그분의 영이 너를 온전히 다 다루실 때까지,
그분의 손에서 죽고 또 살아. 붙들려 있으라.
그렇게 너는 십자가에 달리시고
너를 사랑하시고 부활하시고
너를 부르신 그분을 더욱 가까이
더욱 가까이 그분을 사랑하게 되리.
아이야, 견디어라. 사랑하는 아이야,
견디어라. 그분으로 다 채워질 때까지
그분의 것이 될 때까지.

"인내를 온전히 이루라 이는 너희로 온전하고 구비하여
조금도 부족함이 없게 하려 함이라" – 약 1:4

신적 성품에서 성장하는 코이노니아

상처 받은 그리스도인

교회의 목적이 성도가 아닐 때, 성도 한 사람 한 사람은 상처받는다. 예수님도 상처 받으신다. 주님은 당신과 나를 그렇게 부르지 않으셨기 때문이다.

주님이 당신을 부르셨을 때, 주님의 목적은 당신 자신이다. 당신이 생명을 얻고 더 풍성히 얻는 것, 그것이 그분이 당신을 부르신 목적이다(요 10:10). 그것이 그분의 기쁨이요 가장 큰 행복이기 때문이다. 목회자가 이런 기쁨을 자신의 기쁨으로 삼지 못하면, 사업가는 될 수 있어도 양의 목자가 되지는 못한다.

교회 성장이 성도 한 사람 한 사람의 성장을 의미하지 못하면, 그런 교회는 성장하고도 상처투성이의 성도들로 가득 찬다. 교회 성장은 성도의 성장이다. 왜냐하면 성도가 교회이기 때문이다. 성도 한 사람 한 사람을 세우는 것이 교회를 세우는 것이요 교회를 확장하는 것이다.

성도는 수단이 될 수 없다. 주님은 지극히 작은 사람을 대한 것이 곧 '그분 자신을 대한 것'이라고 하셨다. 그러므로 우리가 주님을 수단으로 삼을 수 없다면, 성도를 수단으로 삼을 수도 없고, 그래서도 안 된다. 주님께서는 성도를 수단으로 삼지 않고 목적으로 대하셨다.

목회자도 마찬가지로 성도를 결단코 자신의 '목회'의 수단으로 삼아서는 안 된다. 목회의 목적이 성도가 아닐 때, 그런 목회는 얼마나 많은 상처 받은 그리스도인을 뒤에 남기는가. 슬픈 일이다.

"너희가 여기 내 형제 중에 지극히 작은 자 하나에게 한 것이
곧 내게 한 것이니라 하시고"_ 마 25:40

따뜻한 태초

태초에는 무엇이 있었을까? '빅뱅'이 있었을까? 물질만 있었을까? 어둠만 있었을까? 인간의 경험으로부터 출발하고, 경험에 기초할 수밖에 없는 과학은 그 이상을 상상할 수 없

다. 과학의 상상력이란 아래에서부터, 지상에서부터, 경험으로부터 출발하기 때문이다. 과학이 상상하는 '태초'가 황량한 이유는, 혹시 과학이 출발하는 전제인 인간의 경험과 이성(理性) 자체가 황량하기 때문은 아닐까?

하나님의 계시의 말씀은, 그때 그 모든 것의 '시작'을 다르게 묘사한다. 우리의 경험 이전에서, 시간의 시작 그 이전에서, 우리의 이성을 초월한 그 위에서부터, 하나님 자신의 계시(revelation)로부터 시작한다. 태초에 무엇이 있었는가? 말씀이 있었다. 말씀이 있었다는 것은, 그 말씀을 하신 하나님이 계셨다는 뜻이다.

말씀은 그 아들이시며, 하나님이시다. 그리고 그의 신(神), 성령 하나님이 계셨다. 성경이 묘사하는 태초는, 물질만, 어둠만이 존재했던, 우연하고 허무하고 황량한 시작이 아니다. 태초 그 이전부터, 아버지 하나님과 아들이신 말씀이 성령이신 하나님과 함께 영원한 사귐, 코이노니아 가운데 계셨다.

이것이 경험과 계시의 차이이다. 과학과 성경의 차이이다. 과학과 성경은 둘 다 창조를 설명하지만, 서로 다른 언어로 표현한다. 과학은 인간이 실증(實證)할 수 있는 인과관계로 설명하지만, 성경은 사실과 진리, 현실과 초월, 실제와 신비가 공존하는 언어로 설명한다.

그래서 성경을 과학처럼 읽거나, 과학을 성경처럼 사실과 해석을 뒤섞은 세계관으로 제시하면 혼란스러워진다. 성경이 실증적(positivistic) 세계에 갇히거나, 과학이 초월과 신비의 영역을 장악하려 할 때, 둘 다 길을 잃게 될 것이다. 성경은 과학에 빛을 던지고, 과학은 그 빛을 따라 성경이 말하는 바를 풍성하게 확인해 갈 뿐이다. 은혜는 자연을 회복하지만, 자연은 그 스스로 은혜의 세계를 재구성할 수 없다. 흙으로부터 상상하는 태초는 가득한 먼지의 세계일 뿐이다.

성경이 묘사하는 초월적이고 신비한 태초는, 이 땅으로부터 상상하는 차갑고 메마른 '시작'이 아니다. 태초부터 '영원한 생명'이 있었다. 아니, 영원한 생명과 사랑으로부터 '태초'가 나온다. 성경은 그렇게 출발한다. 물질 덩어리에서 우연히 생겨난 아메바가 아니다. 태초에 '인격'이신 하나님이 계셨다. 그 생명은, 거룩과 의와 영광과 사랑의 인격적 생명이셨다.

태초부터 풍성한 생명과 따뜻한 사랑과 교제가 가능한 인격이 존재했다. 시작을 그렇게 한다. 태초에 삼위 하나님께서 완전한 '사랑 가운데 함께' 계셨다. 태초부터 있었던 것은, 생명과 사랑과 영원의 사귐이었다. 얼마나 충격적이고 생생하고 풍요하고 아름다운 시작인가?

'시작'(beginning)은 또한 '기초요 근거'(foundation)이다. 성경은 태초를, 계시의 말씀에 근거해서 생각하도록 초대한다. 태초에 대한 당신의 시각, 당신의 상상이, 당신이 바라보는 세상의 그 모든 본질을 형성하는 '기초'가 되기 때문이다. 과학을 따라 메마르고 차갑고 우연에 근거한 태초를 상상하면, 당신이 바라보는 세상은 존재의 의미를 찾기 어려운 약육강

식과 적자생존의 허무한 정글이 되기 쉬울 것이다.

어쩌면, 과학이 태초를 황량하고 어둡고 차갑고 메마른 시작으로 상상하는 것은, 인간의 속 깊은 곳에 자리한 그 황량함, 어두움, 메마르고 무의미함의 투영(projection)이기 때문이다. 성경은 태초에 아들이 아버지의 품 안에 계셨고, 그 안에 영원한 생명이 있었다고 전해 준다. 그것은 사실이고 기쁜 소식이다. 믿고 받아들이면, 세상이 무엇인지, 인생이 무엇인지 정확히 알 수 있다.

태초(太初)가 아버지의 품에 있는 아들과 그 안에 있는 영원한 생명으로 시작했다면, 그것을 믿는 성도의 삶 역시, 아버지와 아들과 그의 성령 안에서, 풍성한 생명과 영원토록 따뜻한 사랑을 누리는 삶이 된다. 세상은 아버지와 함께 누리는 아름답고 풍요한 에덴동산이 된다. 에덴동산에서처럼 노동은 힘들어도 즐겁고 보람된 것이고, 아버지와 아들과 성령 안에서의 사귐은 늘 온전한 기쁨을 가져다준다. 태초에 무엇이 있었는가? 당신은 어디서부터 '시작'할 것인가? 당신에게는, 무엇이 혹은 누가, 이 모든 것들의 '기초'인가?

"태초부터 있는 생명의 말씀에 관하여는 우리가 들은 바요 눈으로 본 바요 자세히 보고 우리의 손으로 만진 바라"_ 요일 1:1

진리와 사랑 안에서, 함께 성장하기

학부의 강의 시간에는 거의 정기적으로 조별 나눔의 시간을 갖는다. 각자 연구한 성경 공부의 내용이나, 교재를 읽으며 깨닫게 된 것이나 생각 난 질문을 서로 나누는 시간이다. 이때 시작하기 전에 함께 외치는 구호가 있다. "진리와 사랑 안에서, 함께, 성장합시다!"

'진리와 사랑 안에서'라는 표현 안에 참으로 많은 것들이 들어 있다. 어쩌면 가장 중요한 삶의 원리가 들어 있다고도 할 수 있다. 생각해 보라. 진리만큼 중요한 것이 없다. 만일 요한일서 5:19이 알려 주는 대로, 이 세상이 '악한 자 마귀 아래에' 놓여 있는 것이라면, 이 세상의 가장 큰 특징은 '거짓'이 될 것이다. 왜냐하면 악한 자 마귀의 가장 큰 특징이 '거짓'이기 때문이다(요 8:44).

그렇다면, 무엇이 '진리'인가? 그것은 마귀가 극구 부인하고자 하는 것이 무엇인지를 보면 된다. 마귀의 거짓은 하나님의 아들을 부인(否認)하는 일에 집중되어 있다(요일 4:1-3). 왜냐하면 예수 그리스도, 하나님의 아들이 참이시고 진리이시기 때문이다. 더 나아가서, 마귀는 우리를 하나님의 사랑에서 끊고자 한다. 만일 '진리'가 하나님의 아들이라면, 그 아들을, 곧, 진리를 받은 사람은, 그에게 그 진리이신 그 아들을 보내 주신 아버지 하나님의 사랑도 함께 받은 사람일 수밖에 없기 때문이다(요 3:16; 요일 4:14-16).

그러므로 진리이신 그 아들이 있는 성도의 심령에는 항상 그리고 언제까지나, 그 아들을 우리를 위하여 아낌없이 내주신 아버지 하나님의 긍휼이 쏟아부어져 있는 것이다. 그래서 아버지와 아들이 함께 계신 것처럼, 사랑과 진리, 진리와 사랑은 언제나 함께 간다. 그리고 그래야만 한다. 모든 것이 파편화되어 있고, 왜곡되어 있고, 깨어져 있는 이 세상에서, 진리와 사랑이 함께 있고 또한 함께 가야만 한다는 사실은 그래서 더욱더 빛을 발한다.

생각해 보라. 어떤 사람이 진리를 말하는데 거기에 사랑이 없다면, 그런 진리는 더럽혀졌거나 왜곡되었거나 변질된 것일 가능성이 크다. 참된 진리는 언제나 사랑과 함께 오기 때문이다. 그래서 사랑이 없는 진리는 종종 폭력처럼 느껴지고, 실제로 폭력이 되기도 한다. 진리의 이름으로 얼마나 많은 종교 간의 분쟁과 전쟁이 일어났던가.

하지만 그 반대도 마찬가지이다. 진리가 없는 사랑을 상상해 보라. 그것은 사기꾼이 다른 사람을 속이는 거짓되고 위선적인 행위와 같지 않은가. 사랑한다고 말하지만, 위해 준다고 하는 말이지만, 또 다 용납하며 품어 준다고 하는 말이지만, 거기에 진리가 없다면, 그런 '사랑'은 아무도 살려 내지 못한다. 마치 어떤 의사가, 환자의 배 속에서 암 덩어리를 발견했지만 그것을 그저 덮어 두고, '괜찮습니다. 긍정적인 생각을 가지세요.'라고 말하는 것과도 같다. 그것은 그 환자를 속이고 죽이는 일이 아닌가.

　진리가 없는 사랑은, 결코 사랑도 되지 못하는 것이다. 십자가를 보라. 거기에 하나님의 공의와 진리, 그리고 은혜와 사랑이 함께 드러나 있다. 공의와 은혜, 진리와 사랑이 함께 있을 때, 거기에 생명이 있다. 그 아들이 있는 바로 그곳에 그를 보내신 아버지께서 함께하시듯이, 그래서 진리와 사랑은 결코 뗄 수 없이 함께 붙어 있고, 또 그래야만 하는 것이다.

　결국, 사랑이 없는 진리는 아무도 살리지 못하고, 진리가 없는 사랑은 결코 사랑이 되지 않는다. 어떤 사람이 아버지 하나님을 인정한다면, 그는 반드시 그 아들을 믿게 될 것이다. 마찬가지로, 만일 그 아들을 믿고 받아들인다면, 그는 그 아들을 보내신 하나님 아버지를 알고 사랑하게 될 것이다(요일 2:23).

　진리와 사랑의 원리는, 그래서 하나님에 관한 진실뿐 아니라, 하나님이 창조하신 모든 세계의 원리가 된다. 사랑이 없이 진리를 선포하는 설교를 들어 보라. 상처만 받을 것이다. 진리가 없는 사랑의 설교를 들어 보라. 더욱 타락하게 될 것이다. 설교의 원리도, 교육의 원리도, 인간관계의 원리도, 모두 진리와 사랑을 함께 지켜나가야 하도록 되어 있다. 하나님이 그러하시고, 하나님께서 창조하신 인간도 세상도 그런 원리 아래 있기 때문이다.

　그렇다면 진리와 사랑 안에서, '함께, 성장한다'는 것은 무엇을 가리키는가? 그것은 특별히 '성령 하나님'의 사역이다.

거짓 속에 갇혀 있는 우리에게 진리이신 그 아들을 증거하시는 분은 성령 하나님이시다. 증오와 파괴 속에서 살아가는 우리를, 사랑이신 아버지께로 인도하시는 분도 성령 하나님이시다. 죄와 죽음과 거짓으로 파괴된 우리를, 그 진리와 사랑 안에서 사귀며 나눔으로써, '함께'하게 하시는 분도 성령 하나님이시다.

성령 하나님이야말로 '코이노니아의 영'이시다. 그분 안에서 우리는 '진리와 사랑 안에서 친교를 나누며, 함께, 성장한다.' 성령 안에서 우리는 진리이신 그 아들로 말미암아 거짓과 죄에서 해방되고, 아버지의 사랑으로 말미암아 증오와 파괴와 죽음에서 해방되기 때문이다.

무엇보다, 코이노니아의 영이신 성령께서는 우리가 그 아들의 진리와 아버지의 사랑 안에 영원토록 '거(居)하게' 하신다. 그것도, 하나님의 자녀들과 '함께' 거하게 하신다. 그래서 우리는 그 아들과 아버지 안에서 함께 성장할 수 있는 것이다.

이것이 삼위 하나님과의 코이노니아이다. 거기서 우리는 참된 '코이노니아'를 회복하고, 또한 이 세상 즉, 어그러지고 깨어진 '코스모스'(cosmos)를 그 중심부에서부터 회복해 가는 것이다. 그분이 다시 오셔서, 온전하고 영원한 코이노니아가 가능한 새 하늘과 새 땅을 완성하실 것이다. 그때까지도, 우리는 '이미', 그리고 '여전히' 그 복된 삼위 하나님과의 사랑과 진리의 코이노니아 안에 거하고 있어야 한다.

> "우리에게 주신 성령으로 말미암아
> 그가 우리 안에 거하시는 줄을 우리가 아느니라" _ 요일 3:24

코이노니아의 중심

"우리는 예수 그리스도를 통해서만 서로의 형제가 된다. 나는 그리스도가 나에게, 나를 위하여 해 주신 일을 통해 다른 사람의 형제가 된다. 우리가 그리스도를 통해서만 형제가 된다는 이 사실은 측량할 수 없이 중요하다. 그리스도인으로서의 교제는 그리스도인 자신의 영성이나 경건함 등으로 공동체의 기초를 삼는 것이 아니다. 오직, 그리스도가 우리를 위해 행하신 일에만 근거한다. 이것은 초기 단계에서만 그렇고, 도중에 그 외에 다른 무엇이 공동체에 추가되어야 하는 것이 아니다. 영원토록 그렇게 존재한다. 이 교제는 오직 예수를 통해서만 계속 소유할 수 있게 된다."

_ 디트리히 본회퍼 (*Life Together*)

그리스도인의 공동체에 대하여 본회퍼 목사님이 간파한 진리는, 코이노니아로서의 교회는 오직 예수 그리스도를 통해서만 존재한다는 사실을 알려 준다. 우리는 오직 예수 그리스도를 통해서만 서로에게 형제가 된다. 우리가 그리스도인으로서 서로를 인격적으로, 사랑의 대상으로 대하고 섬기려면, 우리 사이에는 언제나 예수 그리스도가 계셔야 한다. 성도의 사이에서 예수 그리스도가 빠지거나 희미해질 때, 우리는 언제나 다시 세속적인 인간관계로 되돌아갈 수밖에 없다.

청년부를 맡은 어떤 전도사의 하소연을 들은 적이 있다. 청년들 사이를 더욱 끈끈하고 돈독하게 만들기 위해, 성경 공부를 줄이고 볼링 모임이나 등산 야유회 등을 많이 하라는 담임 목사님의 지시가 있었다고 한다. 그 청년부는 그렇게 했고, 그래서 정말 서로 너무 끈끈해져서(?) 결국 시기와 다툼 속에 뿔뿔이 흩어지는 파국을 맞게 되었다는 것이다.

정서적인 나눔과 소통도 중요하지만, 그것이 교회의 코이노니아를 보장해 주지는 않는다. 교회 안에서의 코이노니아의 중심에는 언제나 말씀의 생명이 나누어지고 경험되고 있어야 한다. 그 말씀의 떡을 떼어 먹고 성령의 포도주를 마실 때, 거기서 성령의 자유하게 하시고 치유하시고 하나 되게 하시는 신비한 역사가 일어난다. '코이노니아'의 중심에는 말씀으로 임재하시는 예수 그리스도의 영, 곧 성령의 일하심이 있다. 그것을 놓치면 코이노니아는 단순히 오락 프로그램으로 전락한다.

또 다른 극단은, 어떤 모임이든 모여서 형식적인 예배를 드리는 것으로 코이노니아를 대치시키는 전통적인 이해요 습관이다. 주일 예배 후에 따로 구역으로 모일 때에도 다시 '예배를 본다.' 그리고 정작 '나눔'으로서의 코이노니아는 그 예배와 상관없이, 세속적인 대화나 그보다 더 심한 온갖 시기와 분란을 일으키는 모임으로 이어지는 경우이다.

성도의 코이노니아의 중심에 말씀의 떡과 성령의 포도주가 있고, 그것을 함께 먹고 마시는 기쁨이 넘치는 것이 코이노니아의 내용일 때가 가장 바람직하다. 말씀 몇 구절이라도, 각 성도가 묵상하고 깨닫고 살아 내려 애써 본 경험을 서로 나누는 것보다 풍성한 코이노니아의 식탁은 없다.

그럴 때에, 주께서 영으로 그 말씀과 함께 역사하셔서, 그 자리를 풍성한 성찬의 신비 가운데로 인도하신다. 모두가 '그 아들과 아버지와 우리와 너희의 코이노니아'(요일 1:3-4)에 참여하게 되는 것이다. 그래서 설교나 성찬의 본질은 똑같다. 말씀을 전하든지, 떡과 포도주를 떼든지, 둘 다, 예수 그리스도의 생명을 먹고 마시는 코이노니아의 잔치이기 때문이다.

하지만 교회 공동체 안에는, 종종 인간에 대한 실망과 상처로 가득하다. 성도는 목회자를, 목회자는 성도를, 또 성도들은 서로서로, 흙탕물에서 솟아나는 것 같은 온갖 더러움으로 서로를 더럽힌다. '교회가 왜 이래?' 교회에 대한 기대가 이상적이고 고결할수록, 실망과 상처는 더 크고 깊어진다. 그래서 코이노니아로서의 교회의 중심에는 언제나 예수 그리스도만 계셔야 한다.

그분이 우리의 모든 더러움을 씻으시고 덮으시며, 다시 새롭게 서로를 바라볼 수 있게 하시는 생명 샘이시다. 우리 사이에 그 아들 예수 그리스도가 없다면, 우리 사이의 코이노니아는 단 한 순간도 존재하지 않는다.

용서 없이, 공동체는 한순간도 존재하지 못한다. 말씀의 떡이 나누어지지 않는 코이노니아는 순식간에 흩어지는 모래성이다. 오직 예수 그리스도, 그 '생명의 말씀'(요일 1:1)만이, 코이노니아로서의 교회, 그리고 교회 안의 모든 코이노니아를 시작하고, 유지하며, 열매 맺기까지 붙들고 나아가는 유일한 중심이다.

> "너희로 우리와 사귐이 있게 하려 함이니 우리의 사귐은
> 아버지와 그의 아들 예수 그리스도와 더불어 누림이라"
> _ 요일 1:3

교회 안에 들어올 때마다

교회의 본질을 잃기가 너무도 쉽다. 교회 안에 들어올 때는, 사실 세상에서 내가 얻은 모든 자격들을 예배당 문밖에 벗어 두고 들어가는 것이다. 오직 예수 그리스도의 피, 그분의 대속 사역의 은혜만을 덧입어 교회 안에 들어온다. 그러므로 교회로 모인 모든 신자들은 다른 어떤 근거에서가 아니

라, 오직 은혜, 오직 믿음으로만 그 자리에 있게 된 것이다.

이것을 잊지 말아야 한다. 교회 안에서 우리 각자가 서 있는 그 근거는 예수 그리스도의 피밖에 없다. 그리스도를 통한 하나님의 용서하심, 그 긍휼 위에 서 있는 것이다. 당신도 그렇고 나도 그렇다. 언제까지나 그렇다.

그러나 오랜 시간 동안 교회 안에서, 성도들 사이에서, 봉사를 하고 공적을 쌓고 직분을 얻고 가진 것을 쏟아붓는 사이, 하나님의 일이 내 일이 되고, 기필코 내 뜻대로 되어야 하는 일이 된다. 그리고 그 '내 뜻'에 못 미치는 사람들을 참지 못하게 된다. 더구나 그들이 무슨 잘못을 하게 되면, 그것을 용서하기가 그렇게 어렵다. 신앙을 가진 사람의 마음이 굳어져 버리면, 그리고 그 굳어진 마음이 오래 묵으면, 그 무엇으로도 풀지 못할 만큼 단단히 꼬인다.

그러면 이제 그는 선한 목자의 '양문'(羊門)을 매일 드나들지만, 더 이상 순한 양이 되지 못한다. 교회 안에 들어오면서, 모든 자기 의를 벗어 버리고 오직 예수의 보혈, 하나님의 은혜만을 입고 있음을, 그리고 자신이 저주하는 바로 그 사람과 하나도 다르지 않은 근거에 발 딛고 있음을 잊어버린다.

결코 잊지 말아야 한다. 하나님의 교회 안에서 무슨 공로를 세운들, 그것이 나를 남보다 낫게 만들지 못한다. 누가 무슨 허물이 있든지, 그를 나보다 못하게 볼 수도 없다. 모두가 그 끝없는 하나님의 긍휼과 용서하심 위에만 서 있기 때문이다.

예수 그리스도의 용서하심을 덧입은 사람들이 그분의 용

서와 긍휼을 행하는 곳, 그곳이 교회이다. 화목이 원칙상 언제나 가능하도록 되어 있는 곳, 그곳이 교회이다. 이 용서, 이 긍휼이 단단한 심령을 부수도록 허락하고 있는가? 이 긍휼을 깨닫고, 그대로 살고 있는가?

"너희가 각각 마음으로부터 형제를 용서하지 아니하면" _ 마 18:35

'비인격화'의 영

하나님은 사람을 자신의 형상을 따라 인격으로 지으셨다. 성부, 성자, 성령 삼위 하나님 자신이 처음부터 '인격'(person)으로 존재하시기 때문이다. 인격으로서의 사람은, 그래서 다른 모든 피조물과는 다른, 하나님 자신의 형상을 따른 신적 특징을 반영한다. 그래서 인간을 비인격화하는 것은 그에게서 신적 특징을 지워 버리는 것이며, 그것은 그만큼 하나님의 인격 되심에 도전하는 행위이다.

사단(satan)은 인격이 아니다. 사단은 인간을 비인격화시키는 일에 도취됨으로써 하나님께 도전한다. 사단은 '비인격화하는 영'이다. 인간에게서 그 얼굴을 지워 버린다. 인간을 '돈'으로 바꾸고, '숫자'로, '물질'로, '도구'로 환원한다. 그래서 아무렇게나 대해도 좋을 물건, 대상, '그것'(it)으로 변질시

킨다. 마귀는 한 인간에게서 무엇보다 그의 인격성을 강탈한다. 귀신 들린 자는 가장 먼저 그의 인격성을 잃어버린다.

인격성의 회복은 그래서 참된 교회의 특징이다. 만일, 어떤 교회가 오직 담임 목사 한 사람의 인격으로 모든 것이 설명되는 교회라면, 담임 목사 한 사람의 생각과 그의 인격이 전체 교회의 인격이 되어 버린 그런 교회라면, 그것은 회사의 직원들을 자신의 소유물처럼, 화살로 쏘아 죽이는 게임 닭처럼 취급하는, 갑질하는 회사 사장의 경우와 크게 다를 바가 없다.

이런 자들은 '비인격화의 영'에 사로잡혀 상대의 인격을 파괴함으로써, 혹은 상대의 인격을 내 인격으로 대치하고 삼켜 버린다. 그래서 스스로 우상 곧 헛것이 되며, 동시에 스스로 비인격화되어, 결국 스스로 괴물이 되고, 물화(物化)되는 죽음의 길에 들어서는 것이다.

화단에 비가 내리지만, 모두 장미가 되지는 않는다. 각자의 꽃대로 피어난다. 우리를 살리시는 하나님, 예수님, 성령님의 역사도 그와 같다. 하나님이 다스릴수록, 우리 자신의 인격성은 더욱 피어난다. 하나님께서 각 사람을 회복하심은, 그의 인격성을 온전히 회복하시는 방식으로 일어난다. 성도 각 개인의 인격성이 회복되고 존중되고 피어나는 교회, 그런 교회가 살아 있는 하나님의 교회이다.

자식은 부모의 소유물이 아니다. 성도는 목사의 소유물이 아니고, 목사도 성도의 소유물이 아니다. 직원은 사장의 소유물이 아니다. 그 어떤 경우에도, 사람이 다른 사람의 인격을 짓밟거나, 그의 인격을 내 인격으로 대치해 버리거나 무시할 권리는 그 누구에게도 존재하지 않는다. 신(神)도, 우리 하나님께서도 결코 그렇게 하지 않으신다.

> "사랑하는 자들아 하나님이 이같이 우리를 사랑하셨은즉
> 우리도 서로 사랑하는 것이 마땅하도다"_ 요일 4:11

살리는 신학, 죽이는 신학

하나님을 아는 것이 영생(永生)인데, '죽이는 신학'도 있는가? 있다. 종종 신학으로도 사람들을 죽이는 경우를 본다. 하나님을 '자신이 나름대로 정리한 정통 개혁주의 보수 장로교 신학'에 가둔 나머지, 그 기준에 미달하는 모든 사람들은 전부 비개혁적 비성경적 신앙과 신학이 되게 만드는 그런 신학, 그런 신앙이다.

극히 일부지만, 이들은 대체로 지적으로 복잡하고, 교리적으로 전문적이고, 용어적으로 어렵기를 즐겨 한다. 지적이고 교리적인 것이 신학의 중요한 부분이지만, 문제는 그 태도이다. 그들처럼 지적이지 못하고 아직 신학과 신앙이 정리되지 않은 사람을 대하는 태도, 아직 덜 개혁적이고 덜 정통이고

덜 성경적인 형제들을 늘 우월감과 교만으로 대하는 태도, 그런 신학, 그런 신학이 '죽이는 신학'이다.

단언컨대 가장 정통 보수 개혁적이고 성경적이었던 예수님은 그렇게 하지 않으셨다. 그분은 자신의 신학으로 남을 죽이지 않고, 자신이 죽으셨다. 자신이 죽어 그렇게 비정통이고 이단 같던, 죄인들의 괴수보다 못했던 당신과 나를 살리셨다.

무릇 하나님을 아는 것, 곧 신학의 열매는 사랑이다. '살려 내는 사랑'이다. 신학 곧 하나님을 아는 참된 열매는 그렇게 하나님을 아는 사람 안에 자리 잡은 '신적인 성품'으로 드러난다. 믿음에서 덕으로, 덕을 위한 지식으로, 지식에 절제로, 절제에 인내로, 인내에 경건, 그리고 경건에 더하여 형제 우애로, 또한 형제 우애를 완성하는 사랑, 그 아버지의 사랑, 그리스도의 희생적인 사랑에 이르게 하는 것이 참된 지식, 곧, 하나님을 아는 참된 신학이다.

그러니 신학도여, 상대방이 당신이 말하는 '그 정통 개혁주의 신학'을 잘 모르거든, 부디 멸시하는 눈으로 쳐다보지 말고 침묵을 선택하라. 지식보다 나은 것이 사랑에서 나오는 절제이고 인내이다. 교만에서 나오는 말을, 형제 사랑으로 참는 것이 당신이 보여 줄 수 있는 참된 개혁주의 신학, 성경적인 신학이다.

스스로 '정통'이요 '말씀' 자신이었던 그분은 그렇게 하지 않으셨다. 그분은 농부에게는 씨 뿌리는 비유로 말씀하셨고,

어부에게는 고기 잡는 그물의 비유로 말씀하셨다. 그것이 정통이고 성경적이고 가장 개혁주의적이다. 그분도 그렇게 하셨거늘, 너는 누구인데 네 이웃을 멸시하는가. 오직 사랑에 이르는 참된 신학에 정진하라. 사랑이 신학의 완성, 하나님을 아는 지식의 참된 열매이다.

하나님을 아는 지식은, 사랑으로부터 시작하여, 사랑에 의해 성장하고, 결국 사랑에 이르기 때문이다. 그 사랑이 살린다. 신학은 살리는 사랑이다. "신성한 성품에 참여하는 자가 되게 하려 하셨느니라 … 이런 것이 너희에게 있어 흡족한즉 너희로 우리 주 예수 그리스도를 알기에 게으르지 않고 열매 없는 자가 되지 않게 하려니와"(벧후 1:4, 8).

>"하나님이 자기의 독생자를 세상에 보내심은
>그로 말미암아 우리를 살리려 하심이라" _ 요일 4:9

그분은 당신을 버리지 않으셨다

주께서 세우신 목적

'온전하고 구비하여 조금도 부족함이 없게 하려'(약 1:4) 하신다고 주께서 당신에게 말씀하셨다. 당신이 예수를 믿는다면, 하나님께서 당신을 향하여 이런 목표를 갖고 계심을 알아야 한다. 그것은 무엇보다 가슴 벅찬 일이다. 나처럼 부족하고 더럽고 누추하고 모자람투성이인 사람이 어찌, '온전해지고 모든 것을 갖추어 어느 면에서도 부족함이 없는' 사람이 될 수 있는가?

그것은 마치 망둥이가 물에서 나와 걷고 뛰다가 자유롭게 하늘을 나는 새가 된다는 이야기처럼 황당하기 그지없다. 그런데 주께서 나에게 그런 목표를 가지고 계신다. 약속하신 바를 반드시 이루시는 그 신실하신 하나님께서 당신을 향하여 그런 목표를 세우셨다. 얼마나 기쁜 소식인가. 내가 바라기도 어려운 목표이다. 바란다고 될 일도 아니다. 하지만 주께서 그 목표를 나에게 주셨다. 복된 약속이다. 믿어야 한다.

주께서 나를 향해 정하신 온전한 목적은 반드시 이루어진다. 비록 내가 시험 속을 지나고 견디기 힘든 인내의 강과 산을 넘고 또 넘어야 할지라도 그것은 반드시 이루어진다. 인내란 주께서 인내하게 하시는 인내를 따라 그분께 계속 붙어 있기로 하는 것이다.

붙어 있기만 하라. 조금 후면, 얼마 후면, 당신도 당신을 알아보지 못한다. 당신은 하나님을 두려워하고 사랑하는 경건한 사람이 된다. 당신은 하나님의 풍요한 생명을 누리게 된다. 당신의 친구들이 당신을 알아보지 못할 것이다. 그저 주께서 주의 일을 다 하시도록 주께 붙어 있으라.

그래서 나를 향하신 온전함의 목적은 기쁜 소식이면서 또한 훈련의 목표이다. 가슴이 뛰지만 동시에 마음을 단단히 먹으라. 이제부터 뱀이 비둘기가 되는 훈련이 시작된다. 결국 날게 되기는 하겠지만, 여러 차례 죽었다가 살아나야 할 일들이 당신을 기다리고 있다.

이제부터 미꾸라지가 독수리가 되는 기적의 훈련이 시작된다. 준비되었는가. 이 기쁘고 놀라운 온전함의 약속을 받은 자에게 구할 것은 오직 악착 같은 인내뿐이다.

"인내를 온전히 이루라 이는 너희로 온전하고 구비하여

조금도 부족함이 없게 하려 함이라"_ 약 1:4

그분은 당신을 버리지 않으셨다

말이 시험이지, 실제로 시험이 주는 고통의 한복판에 선 사람에게는 별다른 위로가 필요 없다. 들리지도 않는다. 그는 오직 비통하다. 그것이 다른 사람의 잘못이든, 자신의 연약함이든, 혹은 물질의 시험이든 병이든, 혹은 선한 일을 하다가 당하는 고난이든, 믿음 때문에 오는 극한 고난이든, 어쨌든 고통은 결코 달가운 것이 아니다.

힘에 지나는 고통은 마음을 상하게 한다. 더구나 시험에 들어 심한 고통 가운데 있는 사람이, 진정 그 원인이 무엇인지 깨닫는 일은 극히 어렵다. 사람들을 향해 비난의 화살을 꽂기가 일쑤이다. 모두가 나 아닌 '저들' 때문이다. 그 사람이 배신하지만 않았다면, 그 사람이 이렇게 혹은 저렇게 하지만 않았다면 자신에게 이런 고통은 오지 않았을 것이라고 생각한다.

그래서 문제를 해결하는 일에서도, 신자는 좀처럼 하나님 앞으로 선뜻 나아오지 않는다. 우선 사람들을 붙들고 해결하고자 한다. 원망하기도, 애원하기도 한다. 하지만 더 이상 길이 없을 때에만, 그때야 비로소 하나님 앞에 무릎을 꿇을 마음이 든다. 그렇게 늦다.

시험에 들어 고통을 당하고 인내가 계속 요구되는 상황이 되면 감정이 깊이 상하기 쉽다. 쓰디쓴 뿌리가 독버섯처럼 마음속에 퍼진다. 모든 것이 잘 돌아갈 때에는 그의 신앙에 아무런 이상이 없다. 하나님을 즐거워한다. 신앙의 모든 의무들도 무겁지 않다.

하지만 깊은 시험에 들면, 왜 자신만 이런 고통을 받아야 하는지 전혀 이해되지 않는다. 그것이 받아들여지지 않는다. 하나님이 실로 원망스럽지만, 감히 대놓고 원망하지도 못한다. 그래서 어떤 신자들은 이 모든 고통 속에서 점점 위선적으로 변해 간다.

그 옛날 시편의 기자들이 했던 것처럼 하나님께 속 시원한 탄식과 원성으로 토로하지도 못한다. 하나님께 무례해지기보다는 차라리 조용히 멀어지기를 택한다. 불편한 감정에 솔직하고 진실하지 못하기 때문에 관계가 차가워져 간다. 나름대로 하나님을 '봐드리고자 하기 때문에' 점점 더 자신은 하나님과 상관없는 사람이 된다. 마음은 이미 차가워질 대로 차가워졌다. 멀어질 대로 멀어졌다.

어떤 신자들은 반대로 내달린다. 하나님을 대놓고 비난한다. 그리고 그 이상으로 달려간다. 자신에게 이런 고통을 주는 하나님이라면 차라리 안 믿는 편이 낫지 않느냐고 대놓고 말한다. 하나님은 없다. 아니 없을지 모르고, 차라리 없는 편이 낫지 않은가.

결국 하나님이 이 모든 고통과 악의 근원이라고 쏘아붙인다. 불평은 원망이 되고, 원망은 미움이 된다. 마음이 돌보다 더 단단해지고, 깊이깊이 상심한다. 고독해지고 어두워지는 만큼, 더욱 절망의 나락으로 떨어진다.

시험을 당해서, 그것이 누구 때문이었든지 고통의 그 한복판에 있을 때 당신이 반드시 기억해야 할 것이 있다. 하나님은 당신을 버리지 않으셨다. 결코 당신을 버리지 않으신다. 그런 일은 없다.

당신은 그 시험의 고통 한가운데서, "내 하나님이여 내 하나님이여 어찌 나를 버리셨나이까"(시 22:1)라고 부르짖고 싶을 것이다. 주님도 그렇게 부르짖으셨다. "엘리 엘리 라마 사박다니 하시니 이는 곧 나의 하나님, 나의 하나님, 어찌하여 나를 버리셨나이까 하는 뜻이라"(마 27:46).

시험 가운데 고통당하는 그대여, 부디 십자가를 바라보라. 거기에 그분이 계신다. 거기에 당신이 당신의 고통과 상관없다고 생각하시는 그분께서 매달려 계신다. 거기에 당신이 당신의 고통의 원인으로 오해하는 그분께서 당신과 함께 고통을 당하고 계신다.

이미 오래전부터, 당신이 이 시험의 가시넝쿨 속에 뒹굴며 이리 쓸리고 저리 찔려 피 나고 아프고 괴롭기 그 훨씬 전부터, 그분은 당신의 그 고통에 참여하셨다. 거기에 계셨다. 당신은 혼자 있지 않다. 그분은 당신의 고통을 속속들이 아신다. 당신의 고통 속에 함께 계신다. 그리고 그분이 당신을 건져 내실 것이다.

그분이 죽음에서 다시 일어나셨듯이, 당신도 그분과 함께 그 고통의 자리에서 일어날 것이다. 부디 그분을 붙잡으라. 그분이, 오직 그분만이 당신을 버리지 않으신다. 그분을 바라보고 그분이 내민 손을 붙잡으라. 일어나라. 그분은 당신을 버리지 않으신다.

> "사람이 시험을 받을 때에 내가 하나님께 시험을 받는다
> 하지 말지니"_ 약 1:13

시험 가운데서 기뻐할 이유

시험을 당했는데 어떻게 기뻐하란 말인가. 시험은 무너지는 일이다. 시험 속에서 우리는 무엇인가 무너져 내리는 것을 경험한다. 자신을 보호하고 있던 성벽이 무너지고, 자신이 기대고 있던 담벼락이 넘어지고, 무엇보다 자기 자신이 무너져 내리는 것을 경험한다. 깨어져 나가는 것이다. 그것은 여러모로 고통스럽고 황당하고 경황이 없고 무엇보다 두려운 일이다.

하지만 이렇게 무언가 깨어져 나가는 동안, 신자에게는 사뭇 색다른 일이 일어난다. 그는 자신 속에서 하나님을 향하

여 부르짖는 진정한 탄식과 절규를 듣는다. 하나님을 향하여 간절히 간구하는 마음이 일어남을 깨닫는다.

그 부르짖음 속에서, 하나님을 바라보며 쏟아놓는 그 탄식 속에서, 때로는 원망 섞인 애원이나 처절한 낙심의 바닥에서 드리는 항복의 고백 속에서, 그는 드디어 자신에게 남아 있는 것이 그동안 붙들고 있었던 것보다 훨씬 더 가치 있는 것임을 발견한다.

그렇게 믿음을 통해서 인내가 시작된다. 물론 고통은 끝나지 않았다. 하지만 더 이상 번민은 없다. 그리고 그렇게 시작된 인내는 그 목적을 다 이루기까지 그의 속에서 결코 멈추지 않는다. 날마다 새롭게 솟아나는 그 인내가 그로 하여금 날마다 견디게 한다. 그리고 그 끝은 영원한 생명으로 가득한 자기 자신임을 안다. 그것이 그에게 기쁨이 된다.

드디어 아무것도 없지만 모든 것을 가진 자가 된다. 가장 귀한 것을 가졌기 때문이다. 가난하지만 그렇게 부요할 수가 없다. 애통하지만 항상 그 안에 하늘로부터 오는 위로가 넘친다. 그는 자신이 이 땅에 없어도 좋다고 생각하지만, 이 땅에서 이루어 드려야 할 사명을 가진 사람이다. 뼈아프게 무너지면서, 그는 점차로 온전한 모습이 되어 간다. 성도의 인내란 하나님께서 인내하게 하시는 그 인내에 온유하고 깨어진 마음으로 순복하며 따라가는 것이다.

"우리가 이 보배를 질그릇에 가졌으니 이는 심히 큰 능력은 하나님께 있고 우리에게 있지 아니함을 알게 하려 함이라"

_ 고후 4:7

'말'의 구속 – 그리스도인의 임무

하나님의 나라에서는, 말(言)도 깨끗하게 씻기어야 한다. 더럽혀지고 오염된 때를 완전히 벗고, 원래 그 말이 가진 아름다움과 광채와 찬란한 의미가 회복되어야 한다. 이것이 또한 그리스도인들의 존귀한 임무이다. 하나님의 말씀으로 창조된 세상이 창조주 하나님을 떠났을 때 그 거룩함을 잃었다.

거룩과 생명의 원천을 잃었으므로, 거룩함과 그에 근거한 생명도 잃었다. 모든 것이 부패해졌고, 그중 가장 부패한 것이 사람의 마음이었다. 또한 그런 마음에서 나오는 모든 말들도 부패해졌다.

그래서 이 타락한 세상에서는 말(言)이 시달린다. TV나 라디오에서 수없이 흘러나오는 아이돌 가수들이 울부짖는 그런 '사랑'과, 성도들이 고린도전서 13장에서 읽는 그런 '사랑'이 만들어 내는 간격은 거의 메우기 어려울 만큼 넓고도 깊다. '당신을 사랑한다'라고 말할 때, 우리는 그것으로 무엇을 의미하는가?

'심장이 두근거리는' 것과 '오래 참아야 한다'는 것 중 어느 쪽이 더 '사랑'에 가깝다고 느끼는가? '예수 믿고 복 받으세요'라고 말할 때, 당신은 그 '복'이라는 말을 어떻게 이해하는가? 예수님께서 심령이 가난한 자 혹은 가난한 자가 '복이 있다'라고 하셨을 때, 그런 '복'과의 간격을 과연 어떻게 메울 것인가?

세상만 타락한 것이 아니다. 사람만 타락한 것이 아니다. 사람이 사용하는 말도 타락했다. 이 세상은 '말'들의 전쟁터이다. '의미'들의 전쟁터이다. 그래서 사람만 구속될 것이 아니라, 세상만 구속될 것이 아니라, 말도 구속(救贖)되어야 한다. 하나님은 이 타락한 세상 속을 그분의 진실하고 긍휼하고 깨끗한 말씀, 곧 언약(言約, covenant)의 말씀으로 찾아오신다.

세상은 지나가지만 오직 하나님의 '말씀'만 살아 있고 영영히 선다. 그리고 영영히 서는 하나님의 말씀을 통해, 우리의 '말'도 그 더러움과 썩어짐과 무의미에서 해방되어야 한다. 우리의 삶을 바쳐 그 말들을 구속해야 한다. 하나님께서 이미 그렇게 하셨기 때문이다.

우리의 일생은 그러므로 말을 씻는 작업이기도 하다. 사랑이라는 낱말 하나, 그 잃어버린 의미를 찾기 위해 일평생을 이 실낙원(失樂園)의 땅에서 헤매는 것이다. '의'(義) 곧 참된 정의, 참된 공의가 무엇인가? 인간의 정치 제도와 수많은 정치 체제의 실험들 역시, 하나님께서 '언약'으로 확증하시고 신실하게 이루어 가시는 '샬롬'(shalom)의 의미가 충만한 '그 세상'을 찾아 헤매는 인간들의 고단한 여정이다.

그래서 우리는 말들을 신중하게 다루어야만 한다. 그 말들로 당신은 자신과 당신의 가정, 교회와 공동체, 그리고 이 세상을 파괴할 수도 있고, 아니면 견고히 세워 오래전 잃었던 그 에덴동산처럼 아름다운 곳으로 회복시킬 수도 있다. 우리의 구원은 우리가 하는 말의 구속(redemption)을 포함한다는 사실을 잊지 말라.

"혀는 곧 불이요 불의의 세계라"_ 약 3:6

'마음에 심긴 말씀'을 따라 변화되는, 듣기와 말하기

예수 믿은 사람은 그 심령에 하나님의 말씀이 심긴 사람이다(약 1:18, 21; 벧전 1:23-25). 마치 씨앗이 흙 위에 떨어진 것처럼, 떨어져 그 속으로 뿌리를 내리기 시작한 사람이다. 거기서 영적 생명이 자란다. 그리고 그 말씀의 생명이 자라기 시작하면 가장 먼저 바뀌는 것이 있다. 우리의 말(言)이다. 말씀은 말을 바꾼다. 말을 듣는 습관, 말을 하는 습관을 바꾼다.

거듭난 신자는 그의 심령에서 울려 나오는 하나님의 말씀, 기록되었고 또한 선포되는 하나님의 말씀에 귀를 기울이기 시작한다. 그래서 '속히 듣는다'는 것은 하나님의 말씀을 듣고 순종하는 일에 미련하지 않다는 뜻이다. 죄를 짓는 일에 빠르고, 헛된 소리 더러운 소리 격동하는 소리 탐욕과 분을 자극하는 소리에 빨랐던 자가, 그런 소리들에는 이제 미련할 만큼 반응이 느려지고, 대신에 하나님의 깨끗하고 지혜로우신 말씀에는 점점 빨리 반응한다.

"듣기는 속히 하라." 누가 나를 비판하면 그것이 아무리 황당해도, 변명하고 방어하기 전에, 일단 하나님 앞에 가져가야 한다. 그리고 그 안에도 정말 내가 고쳐야 할 지적들이 있는지 정직하게 살펴보아야 한다. 있으면, 겸허히 인정하고 하나님 앞에서 바로잡아야 한다. 그분 앞에서 다 드러내 놓고 생각해 보아도 근거 없는 비난이라면, 개의치 말고 의연히 가던 길을 가라.

또한 듣기를 속히 한다는 것은, 아무것이나 쉽게 믿는 것을 말하지는 않는다. 잠언에서는 많이 듣지만 분별력이 없는 사람을 '단순한'(simple) 사람이라고 한다. 귀가 얇은 사람이다. 들을 말을 듣지 않고, 아무것이나 듣고 아무것에나 흔들린다. 미성숙한 사람이다. 여기에, 저기에 적그리스도가 나타났다고 호들갑을 떨고 두려움에 사로잡힌다.

우리나라에 재림주(再臨主)라 주장하는 자들만 수십 명이다. 자칭 '어머니 하나님'도 있다. 주지도 않은 예언이나 환상을 보았다며 점쟁이 노릇을 하려는 신자들도 수두룩하다. 시간이 그렇게 많은가? 무엇보다 주의 말씀에 귀를 기울이라.

순결하고 진실하며 의와 생명이 가득한 말씀을 듣고 깨닫기에도 시간이 없다.

"말하기를 더디 하라." 참된 말은 반드시 사랑 가운데서 하게 되어 있다. 그래서 성경은 당사자에게 먼저 조심스럽게 말하라고 권면한다. 모욕을 주지 않는 방식으로 해야 한다. 잘못을 지적하는 이유와 목적은, 그 잘못을 한 형제를 돌이켜서 회복시키기 위함이기 때문이다. 사랑이 목적이다. 잘못한 그 사람을 돌이켜 전혀 잘못한 것이 없었던 사람처럼 회복시켜 주기 위함이다. 그런 목적이 확실할 때, 그런 마음으로 입을 열어야 한다.

그러므로 내가 무엇을 듣고 있는지 주의하라. 사랑을 위하여 사랑 가운데서 참된 것을 말하라. 모든 선하고 아름다운 것과 더불어 주께서 주신 평강을 누리라. 그 마음에 하나님의 말씀이 심긴 성도는 무엇보다 말하고 듣는 일에 온전한 자로 자라 가야 한다.

> "내 사랑하는 형제들아 너희가 알지니
> 사람마다 듣기는 속히 하고
> 말하기는 더디 하며 성내기도 더디 하라" _ 약 1:19

십자가를 통과한 신앙

세속주의와 극단주의

교회가 멀리해야 할 양 극단이 있다. 먼저는 세속주의이다. 어찌 보면 멋있고 때론 쿨(cool)하다. 그런데 세상과 별로 다르지 않다. 죄인들에 대해 너그럽지만 죄에 대해서까지도 자주 그러하다. 믿음이 주는 자유를 주장하지만, 그 자유 속에서 죄를 짓고 그 죄를 덮는다. 인간을 존중하고 사랑하자는데, 실상은 그렇게 할 분별력이 없다. 인격을 존중하는데 죄도 존중한다. 자신은 세상을 위해 눈물을 흘린다지만, 주님은 그를 위하여 더 많이 눈물을 흘리셔야 한다.

반대쪽에는 종교적 극단주의가 있다. 그들에게 세상은 딱 두 쪽이다. 자신들이 속한 영적인 그룹과 마귀에게 휘둘리는 다른 모든 사람들이다. 자신들만이 신비한 지식을 알고 있다. 만사에 코드(code)를 풀어내는 비법을 따로 가지고 있다. 이름만 대라. 어떤 조합으로든 풀어 666이 나온다. 신경 계통으로 말하면 극히 예민하다. 영적이라는데 상식이 모자란다. 열심이 있고 경건해 보이지만, 종종 경건한 괴물(?)처럼 돌변한다. 경건과 사랑 사이에서 언제나 소위 '경건'을 택한다. 자신만이 옳기 때문이다.

세속주의자에게는 세상을 향한 따뜻한 마음이 있다. 그것을, 그리고 그것만 배우라. 종교적 극단주의자에게는 하나님을 향한 열심이 있다. 그것을, 그리고 그것만 배우라. 주님은 이렇게 말씀하셨다. "들에 핀 백합화를 보아라. 공중에 나는 새를 보아라. 하나님께서 입히시고 먹이신다. 너희는 먼저 그의 나라와 의를 구하라." 자연스럽지만 얼마나 경건한가! 경건하지만 또 얼마나 자연스러운가! 우리 주님에게서는 모든 것을 배우라.

"하늘에 계신 너희 아버지의 온전하심과 같이 너희도 온전하라"
― 마 5:48

성경적 자기 부인

예수님을 따르기 위해 자기를 부인한다는 것은 무엇인가?

분명하게 '자기 부인'(self-denial)이 아닌 것도 있다. 자기를 잃어버리는 것은 자기 부인이 아니다. 자기의 개성이나, 인격으로서의 자존감(自尊感)을 잃어버리는 것은 자기 부인이 아니라 자기 학대, 자기모멸에 가깝다.

집단주의 사회에서는 종종 자기 학대를 강요하고 이를 자기 부인이라고 선전하며 강요하는 수가 많다. 하지만 예수를 따라가며 자신을 부인하면 할수록, 즉 그분의 말씀과 뜻 아래 모든 욕망들이 제자리를 찾도록 하면, 그는 더욱더 그만의 개성 있는 사람으로 꽃피우게 되어 있다.

사람이 자기가 원하는 바 자체를 없앨 수는 없다. 욕구는 그 자체로 선한 것도 악한 것도 아니다. 식욕, 성욕, 명예욕부터 시작해서 소속되고 싶은 욕구, 인정받고 싶은 욕구, 의미 있는 삶에 대한 욕구 등등이 없다면 우리는 인간으로 살 수 없다. 인간이라는 조건이 그런 욕구들을 본질상 포함한다.

하지만 그것들을 그분의 말씀보다 앞서지 않게는 할 수 있다. 그래서 성경적인 자기 부인은, 무엇보다 나의 원하는 바가 그분의 말씀과 배치될 때, 나의 원하는 바를 그분의 말씀에 앞세우지 않는 것이다. 나의 원하는 바를, 그분의 말씀 아래에 두는 것이다.

그래서 자기 부인은 때로 채워지지 않는 갈망을 접어 두고, 오직 그날에 그분께 위로받고 영광을 얻을 소망으로 인내하고 희생해야 하는 기다림인 경우가 많다. 이 세상은 병든 세상이다. 완전하지 않다. 그래서 애통함과 의에 주리고 목마름이 있다.

그렇지 않다면, 지금 모든 것을 내 뜻대로 할 것이라면, 장차 오실 그분을 기다릴 이유도 없다. 무릇 자기 부인은 그분의 말씀을 버리지 않는 것이다. 그분의 뜻에 내 뜻을 내려놓는 것이다. 말씀을 지키면, 그 말씀이 그 말씀을 지킨 사람을 지켜 주신다. 그분의 뜻 아래서 사는가?

> "이런 것들은 자의적 숭배와 겸손과 몸을 괴롭게 하는 데는 지혜 있는 모양이나 오직 육체 따르는 것을 금하는 데는 조금도 유익이 없느니라" _ 골 2:23

번지 점핑 크리스천

구원론에 붙잡혀 있건, 세상적인 복에 붙잡혀 있건, '나' 자신에게 초점이 맞추어져 있으면 비슷한 결과가 나온다. 오늘날 많은 경우에, 신앙은 앞으로 나아가지 않는다. '무엇으로부터의 자유'는 있다.

죄로부터의 자유, 가난과 병으로부터의 자유 등, 우리는 예수 믿어서 얼마든지 자유를 누린다. 일방적인 설명이기는 하지만 오직 은혜, 오직 믿음, 하나님의 예정과 같은 교리조차 '나'에게 초점이 맞추어져서 설명되면, 그만 미궁에 빠지기 쉽다.

'무엇으로부터의 자유'만 있고, '무엇을 위한 자유'를 이해하지 못하면, 신앙은 제자리를 맴도는 현상을 보인다. 물론 하나님은 신실하시다. 나의 실패, 나의 실수, 나의 부족함, 연약함을 얼마든지 능가하시는 열심과 사랑으로 나를 붙드신다.

오직 은혜이다. 나의 구원을 향한 하나님의 신실함은 실패할 수 없다. 그래서 어떻게 되었다는 것인가? 여기서 한 걸음 더 나아가야 한다. 그렇지 않으면 '번지 점핑 크리스천'의 함정에 빠지기 쉽다.

번지 점핑이 무엇인가? 위험천만하게 절벽 위에서 뛰어내리는 것이다. 하지만 그가 죽지 않으리라는 것을 누구나 안다. 아찔할 뿐이고, 스릴까지 있다. 모두 용서하시겠지. 어차피 은혜니까. 예정되어 있잖아. 하나님의 사랑이 실패하겠어? 그러고는 뛰어내린다.

노아의 방주 비유를 잠깐 빌리자. 일단 방주는 물 위에 떠 있다. 물은 심판의 상징이다. 그렇지 않은가? 물 밑에는 죄와 악에 대한 형벌과 심판의 결과로 죽은 시체들이 가라앉아 있다.

방주는 안전한 곳이다. 그리고 자신은 그 안전한 곳으로 피해 있다. 하지만 방주가 마른 땅으로, 새 하늘과 새 땅으로 나아가고 있다는 방향성을 모르면 그저 할 일이 없어진다. 그리고 물속으로 뛰어들고 싶어진다.

어차피 밧줄에 달린 구명 튜브를 허리에 둘렀지 않은가. 더구나, 그 구명 튜브에는 '오직 은혜', '행위가 아니라 믿음', '예정론'의 라벨이 붙어 있다. 일단 뛰어내린다. 방주 속에서의 답답한 일상보다는 훨씬 시원하고 짜릿하다.

그리고 또 물 위로 올라온다. 물속 깊은 곳에는 죄로 인해 형벌을 받아 익사한 시체들이 떠다니기 때문이다. 죽을 운명은 아니지 않은가. 다시 방주 위로 올라와, 소중한 구명 튜브를 매만진다.

이것이 자유로 악을 가리는 행위이다. 이스라엘도 이처럼 하나님을 믿는다고 했지만, 그 자유와 복 안에서 망했다. 오늘날 교회도 번지 점핑 크리스천들로 가득하다. 유명무실하다. 방향과 목적을 생각하지 않기 때문이다.

구원은 이동이다. 구원은 '티켓'이 아니다. 물속에서 건지신 이유는 이제 마른 땅으로 가야 하기 때문이다. 우리를 죄로부터 자유하게 하신 것은, 주께서 우리를 얼마든지 용서하시는 것을 확인만 하는 인생을 살게 하심이 아니다.

그 자유로 비로소 하나님의 뜻을 이루는 일을 할 수 있는 기회를 주시기 위함이다. 비로소 십자가의 길을 따라갈 자유, 비로소 선한 양심으로 세상을 살아 볼 기회, 비로소 고난을 통해서라도 하나님의 종으로 살아 볼 기회를 주신 것이다.

번지 점핑 크리스천에서 벗어나라. 노를 손에 쥐고, 죄의 바다를 건너라. 새 하늘과 새 땅을 향하여 가라. 남은 날들 동안 하나님의 이름을 높이라. 제사장의 역할을 다하라.

"자유가 있으나 그 자유로 악을 가리는 데 쓰지 말고
오직 하나님의 종과 같이 하라"_ 벧전 2:16

'하나'의 영성

'영성'(spirituality)이라는 말에 시험 들지 말라. 사람의 영, 곧 영적 존재로서의 그 사람을 하나님의 영께서 다루신 결과로 나타난 특징들이라 생각하자. 그런 면에서 야고보의 영성이 있다면, 그것은 '하나'의 영성이다. 하나님은 한 분이시다. 그것은 매우 오래된 뿌리 깊은 신앙 고백이다.

하나님은 번잡한 많은 우상들이 아니시다. 경배받기에 합당하신 유일한 창조주 하나님이시다. 그분은 변하지 않으신다. 우리를 향하신 언약의 말씀도 그분의 신실함도 그분의 은혜도 결코 변하지 않는다. 나뉘지도 않는다.

우리를 향한, 아니 당신을 향한 그분의 전심(全心)은 말 그대로 전심이다. 거기에 '사랑한다'고 말하면서 사실은 그렇지 않은 그런 일은 결코 없다. 십자가 위에 달려 죽으신 그분의 아들은 오늘도 그의 피로 말씀하신다. 그분은 당신을 사랑하신다. 그것은 그분의 전심이다. 단 하나의 마음이다.

그분은 말씀하신 것 그대로를 의미하신다. 그리고 그렇게 뜻하신 대로 행동하신다. 투명하다. 자신이 가르치시고 그 가르침 그대로 걸어가신다. 심령이 가난한 자, 애통하는 자, 의에 주리고 목마른 자, 화평한 자가 복이 있다고 하시고, 그분 자신이 스스로 가난한 자가 되시며, 애통해하시며, 주리고 목마르시고, 화평을 만드는 그 길로 친히 걸어가신다.

그분은 모든 것을 무릅쓰고라도 자신이 말씀하시고 믿으시는바, 가르치신바 그대로 먼저 걸어가신다. 말씀하실 때와 행동하실 때의 구분은 있어도, 말과 행동이 분리되는 법은 없으시다. 둘이 하나이다. 하나님 아버지의 뜻에 자신의 뜻을 복종시키셨다. 땀이 핏방울이 되도록 그 쓴잔을 거절하지 않으시고 들이키심으로써, 아버지의 뜻과 하나가 되셨다.

그래서 예수 그리스도의 영이 다루신 사람, 그 사람의 영은 마찬가지로 '나뉘지 않은, 전심'(undivided heart)의 영이 된다. 순전함이 그 특징이 된다. 진실함이 그 가장 큰 특징이 된다. 그 사람은 하나님 앞에서나 사람 앞에서, 결코 다른 사람이 아니다.

그 사람은 말과 행동의 차이를 견디지 못한다. 자신의 겉과 속이 다를 때를 견디지 못한다. 그의 삶에는 정직과 진실이라는 열매가 달린다. 그는 하나님을 믿고, 그래서 믿을 만한 사람이 된다. 그는 '하나'의 영성을 이룬 사람이다.

그가 이 땅에서 사는 모습이나 장차 천국에서 사는 모습도 크게 다르지 않을 것이다. 동일하게 온유하고, 동일하게 순전하고, 동일하게 진실할 것이다. 주는 '한 분'이시요, '하나' 이신 하나님이시다. '하나'의 영성을 사모하라.

> "네가 하나님은 한 분이신 줄을 믿느냐"_ 약 2:19

십자가를 통과한 신앙

베드로는 다른 것은 다 알았지만, 그가 따라다녔던 메시아 예수의 고난만큼은 이해하지 못했다. 왜 그분이 십자가에서 처형되어야 하는가? 왜 하나님의 아들이 고난을 받고 수치를 당하며 죽어야 하는가?

베드로는 '살아 계신 하나님의 아들이요 그리스도'이신 그분이 바로 이것을 위해 오셨다는 사실을 받아들일 수 없었다. 베드로는 예수가 누구신지 고백했지만, 그분을 알지 못했다. 이것은 진정 베드로만의 이야기가 아니다.

십자가를 통과하지 못한 신앙, 그것은 예수가 누구신지, 자신이 누구인지를 아직 알지 못하는 신앙이다. 거기까지이다. 베드로는 예수의 십자가 앞에서 멈추어 섰고, 그리고 돌아섰다.

오늘날 신자들은 예수를 믿는데 왜 이렇게 안 되는 거냐고 불평한다. 구원받고 잘되는 것, 그것이 신앙의 전부가 되었다. 그러나 구원받는다는 것은, 예수께서 나와 같은 불의한 자를 위해 십자가를 지셨다는 사실을 믿는 것이다. 동시에, 구원받는다는 것은 마찬가지로 나도 불의한 자들로부터 받는 고난을 참는다는 것을 의미한다.

  십자가의 길이 구원이다. 하나님께서 내게로 오신 길이고, 내가 하나님께로 가는 길이다. 베드로는 후에, '의로운 자의 고난'에 대한 깊은 이해에 이른다. "이를 위하여 너희가 부르심을 받았으니 그리스도도 너희를 위하여 고난을 받으사 너희에게 본을 끼쳐 그 자취를 따라오게 하려 하셨느니라"(벧전 2:21). 삶 속에서 이러한 의로운 고난을 받아들이는가? 나를 구원한 십자가가, 또한 참으로 내가 지나가야 할 길임을 받아들이는가?

  베드로가 예수 그리스도의 고난을 이해하는 데에는 오랜 세월이 걸렸다. 그 단초는 그 새벽에서 찾을 수 있다. 베드로는 닭이 울자, 예수께서 하신 말씀을 '생각하고 울었다.' 하나님의 계시의 빛 아래 서지 않으면, 아무도 자신이 누구인지조차 알 수 없다. 자신의 어둠 속에서 아무리 자신을 쳐다보아야, 자신이 누구인지 알 수 없다.

  말씀의 빛이 그를 통과해야 한다. 말씀의 빛, 계시의 빛이 그의 심장과 폐부를 모두 비추어 드러냈을 때, 베드로는 무너졌고 깨어져 나갔다. 그리고 거기에서 반석이신 그분을 다시 보게 되었다. 계시의 빛 아래서 '생각하고 우는 것'이, 십자가를 통과하는 신앙의 시작이다.

"예수의 말씀에 닭 울기 전에 네가 세 번 나를 부인하리라 하심이
생각나서 밖에 나가서 심히 통곡하니라"_ 마 26:75

괜찮다

방향을 잃지 마라. 그럴 수도 있다.
패대기쳐지듯이, 그렇게 절벽 끝에 서 있는 기분,
그럴 수도 있다. 아무도 돌아보지 않고,
정말 버려진 것 같은, 그런 날들도 있다.
손에 들었던 그릇이 떨어져, 산산이 깨져 버려도,
그게 끝은 아니다. 괜찮다. 삶은 그대보다 깊은 것,
부서지지 않고 지나갈 수 있는 것이 무어냐.
새벽빛은 항상 뜻밖에 밝아 온다.
죽을 것 같은 오늘은 다시 사는 내일,
죽음이 아니면 생명에 이르지 아니하니,
너는 이 어둠을 다 지나갈지라.

"우리가 이 보배를 질그릇에 가졌으니"_ 고후 4:7

'겸손'의 신학적 정의

"너는 누구이기에 이웃을 판단하느냐"(약 4:12). 우리는 이 질문에 움찔해야 한다. 이웃을 판단하는 일은 신중해야 한다. 보통은 하나님께서 주신 권세를 위임받아 그분의 기준을 따라 그분의 판단을 대신 전달하는 것으로 행해진다.

그것은 하나님께 대한 경외감과 사랑, 그분께 대한 순종, 그분의 뜻에 대한 지식, 그리고 판단받는 자를 하나님의 긍휼과 공의, 그리고 지혜로 대하는 태도를 겸비할 때, 그나마 부족한 대로 가능한 것이다.

하지만 야고보가 '이웃을 판단하는 너는 누구냐'라고 다그쳤을 때, 이는 그 사람이 하나님을 염두에 두지 않은 경우를 두고 하는 말이다. 결정타는 '너는 누구냐!'에 놓여 있다. '네가 하나님이냐!'라는 물음의 완곡한 표현이다. 그는 자신이 하나님인 체 말하고 행세하고 있다. 그는 자신이 하나님이 아님을 잊고 있다. 하나님을 안중에 두지 않기 때문이다.

언제부터 그러했는가? 그 마음속에서 세속적인 것들을 깊이 사랑하기 시작한 것과 때를 같이한다. 그래서 그의 기준과 가치관이 서서히 바뀐 것이다. 이제는 그가 하나님보다 높다. 그렇게 말하지는 않지만, 실제로는 그렇다. 그가 다 판단한다. 아예 하나님도 판단할 참이다.

하지만 야고보는 '정신 차리고, 네 위치로 돌아가라'라고 받아친다. '너'는 율법을 세우고 그 율법을 준 권위자가 아니다. 다만 그 율법 아래에서 살도록 지음받은 사람에 불과하다. 더구나 '너'는 심판주가 아니다. '너' 역시 하나님의 법의 기준에 따라 다른 모든 이들과 하나님의 불같은 심판을 받아야 하는 존재일 뿐이다. 그날, '네'가 그렇게 속으로 연연하던 그 세상과 함께 너는 하나님의 심판대 앞에 설 것이다. 그것이 '너'의 원래의 위치이다.

겸손이란, 그래서 그저 손을 다소곳이 앞으로 모으거나, 자주 사양을 하거나, 말을 적게 하며 주로 맨 끝자리에 앉거나 하는 그런 정도로는 충분치 않다. 겸손이란 '예의'에 대한 문제이기 이전에, 우선적으로 '위치'(位置)에 대한 문제이다.

하나님과 세상, 그리고 이웃이라는 틀 안에서 자신의 정확한 위치를 찾아, 그 위치에 서 있는 것, 그것이 겸손이다. 만일 그에게 하나님이 없다면, 그는 아예 겸손이 불가능한 존재가 된다. 그 앞에서 절대적으로 낮아져야 할 그 대상이 없기 때문이다.

그래서 말이 부드러워도 교만한 사람이 있고, 말이 거칠어도 겸손한 사람이 있다. 그런 것이다. 설령 그가 손을 앞으로 다소곳이 모을 줄 모른다거나, 별로 사양하는 일이 없다거나, 목소리가 크고 아무 자리나 있으면 털썩 주저앉거나 해도, 그것만으로는 진짜 겸손과 교만을 구분하기 어렵다.

왜냐하면 겸손은 태도이기 전에, 그의 심령이 하나님 앞에 서 정하고 자리 잡은 '위치'에 대한 것이기 때문이다. "너는 누구냐!" 야고보의 이 정곡을 찌르는 말씀 앞에서, 다시 자신의 자리를 바로 찾아가야 한다. 예수님께서 하나님 앞에서, 세상 안에서, 우리를 위하여 찾아가셨던 그 위치로 다시 찾아 들어가야 한다. 실제로 그 자리에 서 있는 것, 그것이 겸손이다.

"주 앞에서 낮추라 그리하면 주께서 너희를 높이시리라"_ 약 4:10

불쌍히 여기소서

"주여, 나를 불쌍히 여기소서"(Jesus, have mercy on me). 이보다 아름다운 기도는 없다. 이보다 마땅한 기도도 없다. 하나님의 긍휼을 기대하는 마음, 하나님의 긍휼 이외에는 자신을 구원할 다른 아무것도 없다는 가난하고 절박한 자기 인식, 자신의 어둠과 보지 못함을 절절히 깨닫는 마음. 거기에 구원받는 믿음이 깃든다. 거기에 빛이 스며들고, 그 빛 가운데서 새로운 세계를 본다.

우리 앞을 막아서는 것이 불행만은 아니다. 하나님과 우리 사이를 막아서는 것은 종종 '축복'일 수도 있다. 바리새인들은 얼마나 복된 지위를 누렸는가? 서기관들과 대제사장들은 그야말로 성공한 사람들이었지 않은가? 그 복과 성공 때문에 그들은 자신의 어둠 속에 갇혔다. 하나님께 자신을 불쌍히 여겨 달라고 구걸할 이유가 없었기 때문이다.

하나님의 나라는 뜻밖의 장소에 있다. 낭패 속에 찾아오고, 버려진 사람들 속에, 실패한 처지 한가운데에도 깃든다. 하나님이 옳으시고 내가 틀렸다고 말할 수 있을 때 빛이 들어온다. 자신이 하나님 앞에서 틀렸을 수 있다고 인정하며 열려 있을 때, 그 사람은 빛 가운데 머물 수 있다. 의사는, 내가 병이 있음을 알고 그 의사 앞에서 나의 모든 약함을 보여 주는 데에서 쓸모가 생긴다.

머리를 땅에 대고 엎드려 비는 말이다. "불쌍히 여기소서." 빈손으로, 내게 필요한 것은 당신뿐이라는 고백으로 가슴을 치며 하는 말이다. "주님, 다만 나를 불쌍히 여기소서." 하나님의 긍휼은 낮은 곳으로 흐른다. 이렇게 낮은 데서, 낮게 살아가고 있는가?

"주여 우리를 불쌍히 여기소서 다윗의 자손이여"_ 마 20:31

부르심, 맡기심, 그리고 사랑에 관하여

청년들의 질문, '나는 어떤 사람인가,
무엇을 해야 하는가?'

청년들과 상담하면서 가장 많이 다루는 문제 셋이 있다. 소명, 사명, 그리고 사랑이다. 소명(calling)이란 부르심이다. '나는 어떤 사람인가'의 문제이다. 20대부터 30대 중반까지, '나는 어떤 사람인지'를 확인하게 되면 성공적이라고 생각한다. 그것을 찾는 일이 그리 쉬운 일은 아니기 때문이다.

동물로 치면, 자신이 나무 위에 올라가 가지에 걸터앉아 바나나를 먹는 원숭이 타입인가, 아니면 강가나 물웅덩이 속에서 놀기 좋아하는 하마 타입인가, 그것도 아니면 넓은 들판을 마음껏 달려야 속이 풀리는 치타 같은 사람인가를 아는 것만 해도 큰 성공이다.

친구가 치타같이 사는 모습이 좋아 보여서, 원숭이 같은 내가 치타처럼 평생 들판을 뛰어다닐 수는 없다. 물웅덩이 속의 하마가 시원해 보이고 좋아 보여, 원숭이처럼 살도록 태어난 내가 하마와 함께 '물웅덩이' 같은 직장에 다닐 수도 없는 것이다.

'신(神)의 직장'이라고 불리는 공기업에 취직해도, 사오 년 후면 그 좋은 직장을 그만두는 청년들이 상당수라는 전문가의 강의를 들은 기억이 난다. 하마가 치타와 함께 수년간 들판을 뛰어다니는 것을 상상해 보라.

이처럼 20대 초반부터 자신이 누구인지, 어떤 종류의 사람인지, 어떤 일을 좋아하고 또 잘 해내는지, 그 대략의 영역만이라도 발견해 나가는 것이 중요하다. 평생을 살면서 직업이 변할 수는 있지만, 내가 원숭이인지, 하마인지, 치타인지는 거의 변하지 않기 때문이다.

이렇게 나의 '부르심'이 발견되면, 그다음은 그 부르심을 따라 열심히 훈련해야 한다. 다듬어지지 않고 훈련되지 않은 소명은, 그 소명을 따라 감당해야 하는 어떤 '사명'(mission)이 주어질 때, 그것을 충분히 해낼 수 없기 때문이다.

하지만 부르심을 따라 지속적으로 훈련하고 있으면, 때에 맞게, 그에 합당한 일이 주어지게 된다. '준비된 자에게 기회가 온다'고 하지 않던가. 그런 것이다. 그것을 '맡기심' 또는 '시키심, 보내심'(mission) 곧 '사명'(使命)이라 부를 수 있다. 사명은 직업이 아니다. 직업은 사명에 따라 바뀔 수도 있기 때문이다. 하지만 사명은, 어떤 시기와 환경 안에서, 소명에 부합하는 과업이 된다.

청년들이 찾고 싶어 하는 것은 결국, 소명과 사명, 그리고 사랑이다. 사랑이란 무엇인가? 소명과 사명도 중요하지만, 사랑도 너무나 중요한 주제이다. 사랑하는 일에 실패한다면 그 불행이 클 것이다. 사랑은 하나님을 발견하는 데에서 시작하고, 하나님을 향하여 나아가는 평생의 여정이다.

하지만, 소명을 찾는 일, 그리고 소명을 훈련하는 일, 그래서 때가 이르러 사명에 뛰어드는 일만으로도, 사람은 비교적 상당한 행복을 누리게 된다. 주께서 사랑하는 모든 청년들에게, 자신을 알게 하시고, 훈련하게 하시기를, 그리고 적절한 때에, 교회와 세상에 복이 되는 일로 사용해 주시기를 기도한다. 그리고 무엇보다, 하나님의 사랑 안에서 살아가기를 축복한다.

> "내 형질이 이루기 전에 주의 눈이 보셨으며 나를 위하여 정한 날이 하루도 되기 전에 주의 책에 다 기록이 되었나이다"
>
> _ 시 139:16

사명의 확인

사명(mission)을 확인하는 과정은 실제로 매우 오래 걸리고 또 복잡한 과정일 수 있다. 당신이 '내 사명은 이것이다'라고 단언할 수 있다면, 그것은 축하받을 일이다. 하지만 자신의 사명을 찾지 못한 형제들에게 '너는 아직도 못 찾았어?'라고 다그치지 않기를 바란다.

모세는 자신이 진정으로 해야 할 일을 찾지 못한 채, 무려 사십여 년을 광야에서 보냈다. 오직 하나님께서 그에게 나타나 말씀해 주셨을 때, 그때 그는 자신에게 주어진 사명을 비로소 확인할 수 있었다.

사명(使命)이란, '주인이 종에게 시키는' 일이다. 그래서 그것은 사실, 주인의 마음대로이다. 주인이 정한 때에, 주인이 정한 방식으로 주어지는 일이다. 주인이 '시킨 일이 없는데'도, '나의 사명은 이것이요'라고 떠들고 다닐 수 없고, 그래서도 안 되는 것이다.

그러니, 당신이 사명이라고 믿는 그것이 혹시 당신만 원한 것인지도 곰곰이 생각해 보아야 한다. 종종 사명에 큰 확신이 있다고 말하는 경우에도, 결국 그것이 자신의 눈먼 욕망의 포장이었음이 드러나는 때가 있기 때문이다.

주인이 종에게 '너는 밭에 가서 일하라'든지, '시장에 가서 물건을 팔아 오라'라고 할 때, 종은 그렇게 할 '준비'가 되어 있으면 된다. 주인이 말씀하실 때까지는, 부지런히 훈련하고, 준비하며 기다릴 수밖에 없기 때문이다.

그러므로 형제여, 조용히 하나님께 귀 기울이고, 성실하게 준비하며, 천천히 그러나 견고하게 걷고 있으라. 때가 이르면 주께서 알려 주실 것이다. 그때까지는 '나는 무슨 일을 하게 될지 모른다'라고 말해도 된다. 그리고 떳떳해하라. 알려 주시지 않았는데 알고 있다고 하면, 더 이상하지 않은가.

> "하나님이여 나를 살피사 내 마음을 아시며 나를 시험하사
> 내 뜻을 아옵소서 내게 무슨 악한 행위가 있나 보시고
> 나를 영원한 길로 인도하소서" _ 시 139:23-24

'번아웃'(burnout) 되는 사역자

Q: 목사님! 궁금한 것이 있습니다. 목사님도 하나님의 부르심을 따라갈 때, 기쁨은 사라지고 의무와 책임만 무겁게 남았던 때가 있으셨나요? 그럴 때 목사님은 어떤 시간들을 보내셨는지, 어떤 선택을 하셨는지 궁금합니다.

A: 있었습니다. 고통스러운 시간을 보냈지요. 사명을 따라가도 그저 책임과 의무만 남는 것 같은 시간이 있습니다. 그

것은 고통스러운 일이지요. 하지만 다른 길은 없기 때문에 견디는 것입니다. 그 길이 맞는다면 인내는 놀라운 결과를 가져온다는 사실을 믿어야 합니다.

하지만 한번 돌아볼 필요가 있습니다. 왜 그저 책임과 의무만 남게 되었는지. 자다가 일어나면 내가 왜 이 길로 들어섰는지 문득 외줄을 타는 것처럼 두려운 순간도 있었습니다. 혹은 지겹다고 느낀 적도 있었습니다.

그럴 때마다 문제는 한 가지였습니다. 그분과의 사귐입니다. 내가 그분의 사랑 안에 있는가? 내가 그분을 충분히 받아 누리고 있는가? 내가 그분을 여전히 뜨겁게 사랑하고 있는가? 사실, 내가 하는 일로는 그분을 완전히 기쁘게 해 드릴 수 없습니다.

사귐은 서로에게 시간을 내는 것입니다. 모든 일을 접어 두고 그분을 마음에 모시고 산책을 해 보세요. 그분의 말씀 한마디를 묵상하며 반나절을 보내 보세요. '그분을 즐거워하는 사귐의 시간'을 회복해야 합니다.

예수님은 베드로에게 목양을 맡기시며 다른 것을 묻지 않으셨습니다. '네가 나를 사랑하는지' 그것만 세 번이나 물으셨습니다. 내가 그분을 사랑하고 있는가? 이 사랑이 없는 목양은 위선입니다.

사랑이 사명입니다. 사랑을 회복하면 사명이 살아날 것입니다. 사랑은 사귐에서 옵니다. 그분과 깊이 사귀는 시간을 가진 것이 언제가 마지막이었는지 찾아보세요. 그리고 그 놓친 시간으로 돌아가세요. 그분은 거기서 당신을 기다리고 계실 겁니다.

"그가 내 안에, 내가 그 안에 거하면 사람이 열매를 많이 맺나니 나를 떠나서는 너희가 아무 것도 할 수 없음이라"_ 요 15:5

사역과 성장

사역자를 성장시키는 사역이 좋은 사역이다. 간혹, 사역을 시키는 사람이 사역만 시키고 그 일을 하는 사람의 성장에는 관심이 없는 경우가 있다. 청년을 데려가서는 자신의 집안 잡일만 시키다가 보내는 선교사님도 보았다.

전도사의 영적, 인격적 성장에는 관심 없이, 봉고차 운전부터 시작해서 잡일만 시키다가 보내는 목사님도 있다. 학생을 자기 업무나 개인적 일을 위해 부리고 그 학생의 영적 성장에는 관심이 없는 교수님도 보았다.

주님께서는 제자들을 부르셨을 때, 단지 일을 위해 일을 시키지 않으셨다. 포도주로 변화된 물이 담긴 항아리에서 물을 떠 연회장에게 가져다준 자들은, 예수님이 누구이신지에 대해 놀랐을 뿐 아니라, 순종의 결과를 배웠다. 예수님이 축사하신 오병이어를 사람들에게 나누어 주던 제자들은, 예수님의 능력과 긍휼의 나눔이 가져오는 비밀을 깨닫게 되었다.

그런 식이다. 당신을 성장시키는 사역을 택하라. 혹시 일을 시키려거든, 그 일을 하는 사람의 성장을 도모해 주어야 한다. 그것이 주님이 사역을 시키시는 방식이기 때문이다.

> "내가 온 것은 양으로 생명을 얻게 하고
> 더 풍성히 얻게 하려는 것이라"_ 요 10:10

'사랑이란 무엇인가?'

뜻밖에도, 국정감사장(國政監査場)에서 어떤 국회의원이 피감자인 고위 공무원에게 물었던 질문이다. 도대체 사랑이 무엇이기에, 사랑하는 이를 위해 그런 불법적인 일도 하게 되는지, 자신은 아직도 사랑이 무엇인지 모르겠다며, 고개를 젓는 모습을 보았다.

사랑이란 무엇인가? '사랑은 아무나 하나'라는 노랫말에서부터 '하나님은 사랑이시다'라고 선포하는 요한일서의 말씀까지, 사랑이야말로 그 폭과 깊이를 헤아릴 수 없을 만큼 큰 주제이다.

사실, 우리가 갖고 있는 것은, 사랑에 대한 희미한 그림자이다. 어느 정도 알지만, 많이 손상되고 왜곡되어 있다. 그렇지 않다면, 우리는 '사랑하는 일'에 실패하지 않았을 것이다. 세상은 사랑하는 일에 실패한 이야기들로, 그런 사람들의 상처와 눈물로 가득하다.

모두가 사랑하고 싶어 하고 또 사랑하는데, 사랑이 그렇게 쉽지가 않다. 그것은 연인 사이에서뿐 아니라, 부모 자식 사이에서도 그렇고, 회사나 조직을 사랑하는 사랑에서도, 심지어 목회자가 하나님이나 교회를 사랑하는 일에서도 그렇다.

사랑한다고 다 저절로 사랑이 되지는 않는다. 우리는 사랑하고 난 후, 너무나 자주 그것이 미흡한 사랑이었음을 깨닫는다. 사랑한다고 했지만, 그것이 사랑이 아니었다는 것을 뒤늦게 깨닫기도 한다. 사랑이란 무엇인가? '사랑은 이런 거야'라고 단정하기 전에, '사랑합시다'라고 말하기 전에, 우리는 하나님의 사랑, 그 온전한 사랑을 더 깊이 들여다보아야 한다. 거기에 사랑의 원형(原型)이 있기 때문이다.

하나님이 세상을 '이처럼 사랑하셔서' 그 아들을 보내셨는데, 왜, 그 아들은 십자가에서 죽으셔야 했는가? 누구를 위해, 죽으셔야 했는가? 그리고 그 아들의 죽으심이, 어떻게 해서 우리에 대한 아버지의 사랑의 확증이 되는가? 사랑이란 무엇인가? 사랑하기 전에, 물어야 하는 질문이다. 사랑하면서, 물어야 하는 질문이다. 우리는, 사랑해도 쉽게 사랑이 되지 않는, 어그러진 세상 속에서 살고 있기 때문이다.

적어도 그리스도인들은, 사랑에 관한 한, 그 아들 예수 그리스도를 바라보아야 한다. 거기에 사랑이 있다. 그 아들을 우리의 죄를 위해 내주신, 그 아버지 하나님을 바라보아야 한다. 사랑이란 무엇인가?

"사랑은 여기 있으니"_ 요일 4:10

사랑에 관한 팡세(1)

"신(神)이 되어 버린 사랑은, 악마가 된다." - C. S. 루이스

남녀 간의 성적인 사랑인 에로스의 특징은, 상대방을 우상화하고 신격화하는 성향에 의해 이끌린다. 내가 사랑하는 남자는 남자의 대표이고, 내가 사랑하는 여자는 여자의 대표, 그 가장 이상적인 원형의 자리로까지 신격화된다. 눈에 콩깍지가 씐 것이다.

하지만 신(神)의 자리를 차지해 버린 사랑, 신격화된 사랑은 곧바로 악마가 된다. 악마는 거짓말쟁이요 죽이고 멸망시키는 자이다. 그러니, 우리가 사랑을 통해 상대방을 신격화하는 바로 그때, 그 사랑은 거짓된 것으로 변질되고 우리를 죽이며 파괴한다. 무엇이 잘못된 것인가?

그래서 사랑은 둘만 하는 것이 아니라, 셋이 하는 것이라고 말하기도 한다. 사람 사이의 사랑 안에는 하나님이 서 계셔

야 한다는 것이다. 그것이 에덴동산의 모습이 아니었던가? 그것이 또한 새 예루살렘에서 영원한 사랑의 삶을 누리는 방식이 아니던가? 사랑을 통해 인간이 인간을 우상화하고, 결코 인간이 올라갈 수 없는 신의 자리로까지 상대방을 올려놓는 순간, 그것은 곧 모두의 파멸을 의미한다.

그 사랑은 모든 것을 무너뜨린다. 지금 당신의 아내는 당신이 잃었던 '엄마'가 아니고, 지금 당신의 남편은 당신이 찾던 '아빠'가 아니다. 부모가 '하나님'이 아니듯이, 자식도 부모의 뜻을 이루어 주는 '슈퍼히어로'가 아니다. 목사는 하나님이 아니고, 성도는 예수님이 아니다. 신격화하지도 말고, 희생을 강요하지도 말아야 한다. 모든 사랑은 하나님 안에서 제자리를 찾아야 한다.

"누가 여러분에게 아무것도 사랑하지 말라고 하겠습니까? 분명히 아닙니다. 아무것도 사랑하지 않는다면, 여러분은 게으르고 진절머리 나는 비참한 자가 될 것입니다. 사랑하십시오. 그러나 그대가 무엇을 사랑하는지 눈여겨보십시오. 하나님에 대한 사랑, 이웃에 대한 사랑이 사랑입니다. 그러나 세상에 대한 사랑, 곧 이 세속을 사랑하는 것을 탐욕이라 합니다. 탐욕은 누르고 사랑은 일깨우십시오." – 아우구스티누스

사랑에 실패하면 우리는 상처 받지 않는 안전한 삶을 택하려 한다. 다시는 사랑하지 않겠다는 방어벽을 세운다. 교회

도 마찬가지이다. 교회에서 상처를 받으면, 교회를 떠나면 된다고 생각한다. 하지만 우리가 어디로 가든, 사랑하기를 올바로 배우기 전에도 무엇인가를 사랑하지 않을 수 없다. 사랑하지 않기 때문에 아무런 상처도 고통도 받지 않는 삶은 죽은 것이다. 그런 면에서 '안전한 삶'은 단지 아무 일도 일어나지 않을 뿐, 전혀 안전하지 않은 삶이 되고 만다.

그런 삶은 오히려 우리를 '게으르고 진절머리 나는 비참한' 자로 만들 것이다. 마치 주인에게서 달란트를 받고 땅에 묻어 둔 종과 같다. 사업을 감행하는 위험을 감수하지 않는 대가는 '악하고 게으르다'는 평가뿐이다. 사랑에 실패했을 때, 그 답은 사랑을 그만두는 것이 아니라, 치유받고 회복되어 더 온전한 사랑을 향해 용기 있게 배우며 나아가는 것이다.

아우구스티누스는, 우리가 어떻게 사랑하느냐보다 '무엇을 사랑하느냐'가 우리의 사랑이 참된 것이냐 아니냐의 여부를 결정한다고 말한다. 사랑의 '대상'이 사랑의 '진위'(眞僞)를 결정한다. 세속을 사랑하는 탐욕은 우리를 옭아매지만, 하나님과 이웃을 사랑하는 참된 사랑은 우리를 자유롭게 한다. 그때, 우리는 사랑의 참모습을 알게 된다.

"사랑은 위를 향하여 올라가고, 탐욕은 아래를 향하여 내려간다." – 아우구스티누스 하나님을 사랑하고 이웃을 사랑하는 사랑은, 그 사람을 더 높이 끌어 올린다. 마치 열기구에 올라탄 것과 같다. 하나님을 사랑할수록, 이웃을 사랑하면 할수록, 그는 하나님이 계신 하늘 보좌 가까이로 올라가고 올라가 고귀한 사람이 된다. 세속을 사랑하는 탐욕은, 그 욕망을 따라갈수록 아래로 내려간다. 마치 무거운 추(錘)를 매단 것처럼, 그의 마음은 점점 더 무거워지고, 그의 삶은 세상의 더러움과 썩어짐과 밑도 끝도 없는 무저갱 같은 허무의 골짜기로 떨어진다. 왜 그렇게 되는가?

  세상은 그 자체로 하나님을 떠났기 때문이다. 하나님을 떠남으로써, 그 생명의 근원에서 끊어져 나갔다. 죄 아래 있고, 죽음 아래 있고, 허무에 붙잡혀, 삼 겹의 어둠에 갇힌 채 무저갱으로 끌려 내려가고 있기 때문이다. 마치, 나락으로 떨어지는 추를 붙잡으면 그 무게에 딸려 자신도 그 밑으로 끌려 내려가는 것과 마찬가지이다. 세상이나 세상에 있는 것들을 사랑하는 결과가 이와 같다.

  그러면 어떻게 해야 하는가? 아무것도 욕망하거나 사랑하지 말아야 하는가? 그렇지 않고, 그럴 수도 없다. 사랑하기를 그만둘 수는 없다. 하나님의 사랑 안에서 치유받고 회복되어, 올바른 대상을 올바른 방식으로, 올바른 목적을 위하여 사랑해야 한다. 그렇게 더욱더 사랑하기를, 제대로 사랑하기를, 배워야만 한다.

> "이 세상이나 세상에 있는 것들을 사랑하지 말라
> 누구든지 세상을 사랑하면 아버지의 사랑이
> 그 안에 있지 아니하니"_ 요일 2:15

사랑에 관한 팡세(2)

"그러나 우리의 욕망과 사랑이 올바른 방향을 설정하기만 하면, 그것은 은총에 의해 여러 단계를 거쳐 우리의 영(靈)이 완성되는 데까지 나아가게 될 것입니다." – 베르나르 드 클레르보

베르나르에 의하면, 우리의 사랑은 네 단계를 거친다. 처음 단계는, 본능적인 사랑이다. 사람이 자기 자신을 위해 스스로를 사랑하는 것이다. '노예의 사랑'으로 불리는 사랑이다. 인간이 어쩔 수 없이 자신의 생존을 위해 자신을 사랑하는 것이다. 인간은 이 본능적인 사랑의 굴레를 벗어날 수 없는데, 문제는 그렇게 자신을 아끼고 사랑해도 그것이 올바른 사랑이 되지 않는다는 것이다. 자신을, 그리고 자신만을 끔찍하게 아끼고 사랑하지만, 결국 그것은 자신을 온전히 사랑하는 것도 되지 못한다.

그다음 단계는, 자기 자신의 유익을 위해 하나님을 사랑하는 사랑이다. '장사치의 사랑'이라고도 불린다. 앞의 '노예의

사랑'은 하나님을 사랑하지 않는다. 하지만 장사치의 사랑은 하나님을 사랑하기는 하는데, 하나님보다 다른 것들을 더 사랑한다. 다른 것들이 자기에게 필요하기 때문에, 그것을 얻을 수단으로써 하나님을 사랑하는 것일 뿐이다. 하나님을 사랑하되, 자신의 필요와 이익을 따라 사랑한다. 이런 사랑은 하나님의 이름이 땅에 떨어지든 말든, 결국 자신의 유익만 지키면 괜찮다는 신앙이다. 애초부터, 하나님을 믿은 것이 자신의 성공을 위해서였기 때문이다.

세 번째 단계는, 하나님을 위해 하나님을 사랑하는 단계이다. 이런 사람은 하나님의 선하심을 맛보아 아는 사람이다(시 118:1; 벧전 2:3). 하나님께서 우리에게 다른 것이 아니라 우리의 사랑을 원하신다는 것을 알고, 하나님을 사랑하는 그 사랑의 교제 가운데 거하는 사람이다. 하나님의 이름, 평판, 영광을 사랑하는 사람이다. 하나님의 이름이 높여진다면, 자신에게 어떤 일이 일어나도 괜찮다고 생각하는 사람이다. 하나님의 기쁨이 곧 자신의 기쁨이 되어 버린 사람이다. 이런 사람은 '마음을 다해' 열정을 가지고 하나님을 사랑하고, '뜻을 다하여' 그의 뜻을 분별하며, '힘을 다하여' 인내하고, 끝까지 전심으로 하나님을 사랑한다(신 6:5).

마지막 단계는, 하나님을 위하여 자신을 사랑하는 사랑이다. 내가 나 자신을 사랑하는 이유가 나 자신의 어떤 욕망 때문이 아니라, 순전히 하나님을 사랑하기 때문인 경우이다. 하지만 인간이 인간의 필요를 따라 하나님을 사랑하는 그런 필요가 남아 있는 한, 이런 순수한 사랑은 이 땅에서 부분적으로만 가능할 것이다.

베르나르는 누구도 이런 사랑을 이 땅에서 온전하게 다 이룰 수는 없다고 말한다. C. S. 루이스가, 인간은 '필요의 사랑'(need-based love)에서 벗어날 수 없다고 냉정하게 간파한 바와 같다. 하지만 역설적이게도, 우리는 그 필요의 사랑 때문에, 결국 이 땅에서 하나님을 찾는다. 하나님에 대한 깊고 깊은, 온 세상으로도 채울 수 없는 영적 가난함을 깨닫게 되기 때문이다.

> "우리는 모든 사랑에 내재해 있는 고통을 피하려고 애씀으로써가 아니라, 그것을 받아들이고, 그분께 바침으로써 하나님께 더 가까이 다가가게 됩니다." – C. S. 루이스

실낙원 같은 이 세상에서, 사랑한다는 것은 곧 고통을 의미한다. 사랑하지 않으면서 살 수는 없기 때문에, 이 고통은 피할 수 없다. 사랑하는 상대방이 내게 주는 고통도 있지만, 그 사랑이 내 안에서 일으키는 고통도 크다. 나 스스로 온전한 사랑을 할 수 있는 온전한 사람이 아니기 때문이다. 사랑할수록 힘들다. 사랑할수록 좌절하고, 사랑할수록 어렵다.

그래서 많은 사람들이 사랑을 회피한다. 혼자 살고 싶어 한다. 공동체로부터 멀어진다. 가까이 만나면서 부딪히며 사는 삶은, 그것이 결혼이든 교회 생활이든 사회생활이든 피하고

싶어 한다. 그러나 거기에도 길은 없다. 사랑하며 살지 않는 것은 불가능할 뿐 아니라, 사랑 없이 살려고 하면 할수록 고통이 더 깊어지기 때문이다. "나 혼자 산다?" 불가능하다. 인간은 그렇게 살도록 지음받지 않았기 때문이다.

비대면과 온라인이 일상이 되어 가는, 코로나19 이후의 시대에 교회는 어떻게 될 것인가? 만일 교회가 소그룹 단위로라도 인격적 코이노니아가 가능한, 진실한 사랑의 공동체를 보존한다면, 더욱더 기계화되고 인공지능(AI)이 모든 것을 해치우는 초(超)기술 시대에 오히려 정서적으로나 영적으로 메마른 개인들을 살려 내는 꼭 필요한 '희망의 공동체'가 될 것이다. 사람은 사랑을 포기할 수 없고, 그 사랑은 인격적 공동체 안에서만 성숙해지기 때문이다. 사랑을 통해 입은 상처와 실패는, 오직 더 크고 온전한 사랑을 통해서만 치유될 수 있다.

이 땅에서 우리가 하는 여러 모양의 사랑들이 전부 쓸모없고 헛된 것만은 아니다. 매일 저녁 지는 아름다운 노을이, 천국에 있을 그 영원한 노을의 아름다움의 한 조각이듯이, 우리가 하는 부족한 사랑들 속에도, 영원하고 아름다운 사랑의 조각들이 숨어 있다. 그래서 이 땅에서 우리가 할 수 있는 최선의 방법은, 우리의 어그러지고 상처 난 사랑을 피하지 않고, 그것을 있는 그대로 하나님께로 가지고 나아가는 것이다.

그리고 그분의 뜨겁고 거룩한 사랑, 우리를 치유하고 회복하시는 그 사랑 앞에 그 상처를 내어놓아야 한다. 그리고 그 사랑 안에 오래도록 머물러야 한다. 거기 거하고 있어야 한다. 그 사랑이 나를, 우리를 살리고 일으켜 세워 우리가 사랑하기를 온전히 배울 때까지. 그것 말고 다른 길이 있는가?

"'여호와의 계명은 순결하여 눈을 밝게 하시도다.' 오직 말씀만이 자신과 이 세상을 사랑하는, 그리고 이 세상을 향해 있는 마음을 하나님께로 돌려놓을 수 있기 때문입니다." – 베르나르 드 클레르보

베르나르의 이 말은 매우 지혜롭다. 세속으로 향하여 탐욕으로 변질된 우리의 사랑을 우리는 어떻게 치유하며 어떻게 바꾸어 놓을 수 있는가? 세상을 사랑하여 세상과 묶여 세상이 가는 곳으로 함께 끌려 내려가던 그 욕망이라는 이름의 왜곡된 사랑을, 어떻게 바로 돌려세워 놓을 수 있다는 말인가? 베르나르의 이 조언은 요한일서가 가르치는 바와 정확히 일치한다. 그것은 우리가 '그 아들의 말씀, 생명의 말씀'을 먹을 때 가능하다.

그 말씀을 먹어야 한다. 몸이 아프면 약을 삼키듯이, 하나님의 말씀을 먹어 버리면 그 말씀이 우리 안에서 작동하기 시작한다. 그 말씀 안에 이미 아들의 생명이 있고, 아버지 하나님의 사랑이 들어 있다. 우리가 삼킨 그 말씀이 우리 속에서 '정향'(定向) 곧 방향을 바로잡게 하고, 그 올바른 방향으로 나

아가도록 추진력까지 선사한다. 말씀은 의(義), 곧 바른 관계의 결정체이다. 그 말씀을 삼키면 모든 관계가 바르게 회복되기 시작한다. '말씀의 생명'이란 그 아들을 우리에게 내어주신 아버지의 사랑으로 감싸여 있다.

그래서 우리 안에서 말씀의 생명이 작동하기 시작하면, 성령과 함께 아버지의 사랑도 역사한다. 우리가 말씀을 따라 회복된 바른 관계를 향해 힘차게 나아가도록 사랑의 열정으로 불붙게 만든다. 그렇기 때문에, 우리의 사랑이 탐욕으로 변질되었을 때 우리는 말씀을 먹어야 한다.

그 말씀이 우리의 마음과 생각과 감정과 의지 속에 녹아들어, 나의 전 존재가 재조정될 때까지 그 말씀을 우리 안에 거하게 해야 한다. 그 말씀 안에 거해야 한다. 그 아들이 계신 곳에 아버지께서도 함께 계시듯이, 오직 말씀의 생명을 소유하는 거기에만 참된 사랑의 회복이 있다.

"사랑 안에 두려움이 없고 온전한 사랑이 두려움을 내쫓나니"

_ 요일 4:18

경건에 형제 우애를

우리는 종종, 자신이 경건하다고 느끼게 되면 그렇지 않은 사람들에 대해 잘 참지 못하게 된다. 의로운 일을 하게 되면 외롭다고 느끼고, 자신의 방식대로 의를 추구하지 않는 형제들을 참기 어려워진다. 하지만 성경은 경건에 형제 우애를 더하라고 가르친다. 참된 경건은 그렇지 않은 형제라도 끌어안는 것을 포함하기 때문이다.

종종 개혁을 말하는 사람들이 실패하는 이유는, 진보를 주장하는 정치인들처럼 쉽게 분열하기 때문이라는 생각이 든다. 의(義)도 경건도 내가 추구하는 방식대로 모두가 그렇게 해야 하는 것은 아니다. 하나님이 받으시는 경건의 방식을 내가 정한 것으로 국한할 수 없다. 모세가 욥은 아니며, 욥이 여호수아일 필요는 없다. 거리의 투사도 있고 골방에서 중보의 기도로 평생을 드리는 성도도 있다.

주님은 하나님 나라를 그런 식으로 가져오지 않으셨다. 옳은 일을 반대하지 않으면 모두 형제이다. 개혁도 의도 경건도, 형제 우애 없이 할 수 없다. 주님은 양들을 모으러 오셨다. 나의 의와 경건의 방식으로 주님의 양들을 흩지 말아야 한다.

중요한 것은 하나님의 뜻이, 하나님의 나라가 임하는 것이지, 그것이 내 방식대로 되어야 하는 것은 아니기 때문이다. "금하지 말라 너희를 반대하지 않는 자는 너희를 위하는 자니라"(눅 9:50).

"경건에 형제 우애를, 형제 우애에 사랑을 더하라"_ 벧후 1:7

제 2 장

어떻게 하나님의 뜻을 따를 것인가?
생활 속의 신앙

그리스도인이 하나님의 뜻을 행하면서 살려면, 먼저 하나님 안에서 '쉬는 법'부터 배워야 한다. 그 아들의 은혜와 생명을 누리며, 아버지의 사랑 안에서 온전히 쉬는 법을 배우는 것이다. 그래야, 비로소 세상에서 하나님의 뜻을 행할 수 있다. 그렇지 않으면, 그가 하는 일은 결국 자신의 욕망을 채우며 자신의 영광을 구하는 일로 변질되어 버리기가 쉽기 때문이다.

하나님의 뜻은 무엇인가? 무엇보다 먼저 하나님의 뜻은, 우리가 그분의 선물을 받고 온전히 누리며 기뻐하는 것이다. 그래야 또한 그분의 뜻, 그분의 부탁을 들어드릴 수가 있게 되기 때문이다. 사랑받은 자가 사랑한다. 은혜받은 자가 은혜를 베푼다. 그런 것이다. 그리고 그렇게 흘려 보내는 은혜와 사랑은, 모두 일상 속에서 일어나야 한다.

거창한 말이나 업적보다는, 아무도 눈치 채지 못하는 작은 일상 속에까지 스며들어야 한다. 짧고 하찮게 보이는 일상의 순간 속에 영원이 찾아 들어오는 문(門)이 있다. 믿는 자들에게는, 이 땅이 곧 하늘이 내려오는 곳이고, 오늘이라고 부르는 이날이 바로 새 하늘과 새 땅으로 이어지는 영원의 시작이기 때문이다.

예수 안에서 쉬는 삶

믿을 만한 하나님, 믿을 만한 성도

성경에 기초한 신앙은 '말'(言)의 신앙이다. 성경처럼 말, 혹은 약속을 강조하는 신앙도 없다. 하나님은 그 하신 말씀을 반드시 이루신다는 것이 구약 백성과 복음서를 기록했던 저자들이 확신했던 신앙의 내용이다.

믿음이 충만하다는 것은, 그러므로 말에 있어 진실하며, 약속을 지켜 내는 견고한 성품을 가리킨다. 하나님처럼 그의 백성도 말에 있어, 약속한 일에 있어 진실한 것, 그것이 믿음이 충만한 것이다.

믿음이 있다고 하면서 약속을 밥 먹듯 어길 수 없다. 하나님이 그렇지 않으시므로 그의 백성도 그럴 수 없다. 그것은 성경적 신앙이 아니다. 이스라엘의 하나님은 그 약속하신 바를 성취하심에 있어서 아무것에도, 자기 백성인 이스라엘의 배반이나 실패에도 방해를 받지 않으신다.

약속을 반드시 지켜 내는 것, 그것이 신실(信實)이며, 미쁘신 하나님과 그러한 하나님을 믿는 신자(信者)의 특징이다. 하나님을 믿는 사람은 믿을 만한 사람이 되어야 한다.

"이루어졌느니라"_ 마 2:18

예수 안에서 쉬는 삶

예수께서 이스라엘에 나타나셨을 때, 모든 것이 달라졌다. 안식일이 성취되었다. 그분이 안식이 되셨다. 모든 것을 가지신 그분이 '내게로 오라' 하셨고, 그분에게로 가서 그분을 믿어 그분이 나의 모든 것이 되셨기 때문이다.

그분을 믿는 믿음은 그래서 믿는 자에게 안식을 의미한다. 비로소 쉬는 삶이 된다. 죄책과 죄의 결과인 사망에서 자유해진다. 두려워하지 않으므로 쉬게 된다. 자기 의와 공로를 쌓고 자랑하고 증명하는 일에서도 자유해진다. 쉬게 된다.

입신양명(立身揚名), 몸을 세우고 이름을 떨쳐야 한다는 강박에서부터 벗어나 쉰다. 삶을 더 이상 자신을 증명하기 위한 전쟁터로 여기지 않아도 된다. 얼마나 큰 쉼인가? 무엇을 먹을까, 무엇을 입을까 하는 걱정에서도 쉬게 된다. 걱정과 염려에서 쉬게 되는 것은 또 얼마나 큰 쉼인가?

예수 안에서 쉬는 사람은 근본적으로 혈연과 학연과 지연, 온갖 세상적 끈으로부터도 자유하다. 어리석음과 무지(無知)에서 해방되기 때문이다. 그분이 '내게로 오라' 하셨고 그분에게로 가서 그분을 믿어 아버지 하나님을 '알게' 되었기 때문이다.

하나님을 알고 그분을 경외하는 것이 지식의 근본이다. 하나님을 알게 되면 어리석음과 무지에서 해방된다. 쓸데없고 허무한 일에서 놓여난다. 해나 달이나 돈이나 쾌락이나 이 세상이나 이 세상에 속한 것들을 사랑해서는 수고로움에서 놓여날 수 없다는 것을 알게 되기 때문이다.

그래서 그는 그 아들을 통해 그 아들 안에서 아버지를 사랑하게 된다. 그 품에서 쉬게 된다. 그리고 그는 오직 예수 안에서 오직 하나님의 은혜 아래서 하나님의 뜻만을 순종하고 실천하는 새로운 공동체, 하나님의 가족의 일원이다.

그리스도 안에서 함께 성전으로 지어져 가며 하나님의 영광을 구하고 즐거워하면 그것으로 충분하기 때문이다. 그리스도의 보배로운 이름을 높이며 그 이름 뒤에 숨어 살아도 충분히 가득 차고, 의미 있고, 행복하다. 예수를 따른다는 것은 예수 안에서 쉬면서 산다는 뜻이다.

하지만 예수 안에서 쉬면서 사는 삶은, 결단코 게으른 삶이 아니다. 예수 안에서 24시간, 365일 안식을 누리지만 결코 게으른 삶은 아니다. 그 반대이다. 열정적인 삶이다. 자유롭기 때문에 드디어 마음껏 헌신할 수 있는 삶이다. 예수 안에서 모든 것을 가졌고 누리기 때문에, 하나님의 이름 때문에 자신의 생명까지도 내줄 수 있는 삶이다.

세상에서 자유하고 예수 안에서 쉬기 때문에 비로소, 세상에 속한 모든 것을 하나님의 뜻대로 사용할 수 있는 사람이다. 무엇보다, 그 선한 판단과 결단을 위해 치열하게 기도하고 고민하는 삶이다. 무릇 예수 안에서 쉬지 않으면 하늘의 역사를 이 땅에 가져올 수 없다. 예수 안에서 안식을 누리는가?

"다 내게로 오라 내가 너희를 쉬게 하리라"_ 마 11:28

크리스천 청년들과의 대화

학부를 졸업한 지 꽤 되는 졸업생들이 찾아왔다. 대체로 20대 후반이나 30대 초반이었다. 대학생 때와는 다른 고민, 말투, 태도의 진지함을 보았다. 잠깐이지만 그들의 세계에서 무슨 일들이 일어나는지 들여다볼 기회를 가졌다.

우선, '거주, 주택'의 문제가 크다. 이것이 해결되지 않으면, 청년들은 더 이상의 발전이나 자신의 꿈을 위해 노력해

볼 여지를 잃는다는 사실이 아프게 다가왔다. 한국토지주택공사에서 청년들에게 전세금을 빌려주지만, 중요한 것은 집주인들이 주택공사를 통해 계약하는 '번잡한' 과정을 꺼린다는 것이다. 정부에서 어떤 혜택을 주어서라도, 계약을 기피하는 경향이 없도록 해야 한다는 이야기도 나누었다.

무엇보다, 사람이 세상에 태어나서 다른 경쟁은 몰라도, 그런 여타의 경쟁들을 할 수 있는 기반, 거주할 공간은 어느 정도 보장해 주어야 한다는 생각이 들었다. 거주 공간 때문에 평생을 불안에 떨어야 하고, 도착 지점이 아니라 발 딛고 출발해야 하는 출발선을 마련하느라 세월을 다 보내야 하는 이런 불행은 바로잡혀야 하지 않을까. 그것이 땅을 지으신 하나님, 땅 주인이신 하나님의 뜻이고, 이 땅에 태어나는 사람에 대한 최소한의 배려이지 않을까 하는 생각 말이다.

또 하나 화젯거리가 있었다. 산업화를 이룬 할아버지 세대, 민주화를 이룬 아버지 세대를 뒤로하는, 이 새로운 2030세대는 과연 어떤 '서사'(敍事)를 쓰게 될까, 또는 써야 할까 하는 주제였다. 상황은 어느 시대에나 늘 어렵다. 그런 점에서는, 지금의 청년 세대가 처한 현실은, 산업화 세대나 민주화 세대와 그 양상만 다를 뿐이다. 어느 세대나 어렵다. 그리고 각 세대는 홍해를 건넜던지, 광야를 지났던지, 나름의 서사를 썼다.

그렇다면 2030세대는 앞으로 어떤 서사를 써야 할까. 기후 위기에서 지구를 지키고, 한반도에 평화를 가져오는 데 적극적으로, 헌신적으로 기여하는 세대가 된다면, 그 정도의 서사를 쓴다면, 할아버지 세대도 아버지 세대도 박수를 보내지 않을까. 무언가 해야 한다. 비난이나 불평이나 낙심하는 일 외에도, 오늘날의 청년 세대 역시 무엇인가를 이루어 내야 한다.

교회를 짊어진 청년 세대는 무엇을 해야 할까? 아니, 어떤 과제 앞에 직면해 있을까? 모든 세대는 나름의 공과(功過)가 있다. 산업화 세대는, 전쟁의 총탄을 뚫고 교회를 세웠다. 폐허가 된 나라를 붙들고 밤잠을 자지 않고 산업화를 이루었다. 교회에 가서는 헌금 잘 내고, 산업 현장에서는 열심히 일했다.

하지만, 민주화 세대가 장갑차와 탱크와 최루탄이 난무하는 캠퍼스에서, 그리고 거리에서 돌을 던지며 곤봉에 맞으며, 때로 감방에서 전방에서 스러지는 동안, 교회는 대체로 침묵했다. 인정하기에 아프지만 사실이다. 오늘날 교회가 사회로부터 이런 적대감을 받는 배경에는 이런 이유가 없지 않다.

추락한 하나님의 이름과 교회의 평판. 이것을 다시금 회복하는 길이, 지금 2, 30대 그리스도인들의 어깨에 놓인 무거운 짐이 아닐까. 기독 청년 세대에게 그런 짐을 맡겨 버린 지금의 장년 세대의 그리스도인으로서 괴롭고 미안스럽고 부끄럽다. 하지만, 각 세대는 각 세대만의 싸움이 있다. 오늘날 청년 세대의 그리스도인들은 어떻게 이 싸움을 해낼 것인가?

성장이 멈춘 시대이다. 교회 성장도 멈추었다. 가마니때기 깔아 놓고 찬송 부르고 기도하면 병 낫고 사람 모이던 시대가 아니다. 사회 속에서 독재를 몰아내고 피 흘려 민주화를 쟁취하는 일에 영웅적 헌신을 할 수 있는 시대도 아니다. 삶은 일상적이고 사회는 변동이 적다.

이제부터는 삶 속에서 '선한 영향력'으로 그리스도인의 영광과 빛을, 조용히, 꾸준하게, 드러내는 힘겨운 싸움, 진짜 신앙의 싸움이 시작될 수밖에 없다. 그런 싸움을 오래 싸워야 한다. 그래서 이삼십 년 후, 지금의 2, 30대의 크리스천 청년들이 장년, 노년 세대가 되었을 때에, 그들의 자녀 세대가 사회 속에서 얼굴을 들고 존경받으며 살 수 있게 되어야 한다. 그것이 이들이 써야 하는 신앙 서사의 본질이 아닐까.

이런 이야기들을 나누었다. 오랜만에 본 제자들은 여전히 밝았다. 예전보다는 무거워 보였지만, 덜 울었고, 더 많이 웃었다. 삶이 고달프고 힘들어도, 그분 안에서 함께 나누고 함께 손잡고 걸어가면, 그나마 걸을 만하다는 사실이 감사했다.

"너희가 짐을 서로 지라 그리하여 그리스도의 법을 성취하라"

_ 갈 6:2

세상이 가난하게도 부하게도 못 하는 사람

'자랑'처럼 예민한 문제가 없다. 성도는 이 문제에 통달해야 한다. 그래야 세상을 지나갈 때 망하지 않고, 도리어 당당한 하나님의 백성으로 지나갈 수 있다. 자신이 무언가 얻고자 하는 간절한 꿈을 꾸고, 그 꿈이 믿어지고, 그 믿어진 것을 입으로 말하고, 그리고 그 말한 대로 '될 줄로' 믿고 살면 혹시 그대로 얻어질 수도 있다.

그러나 복음은 그렇게 해서 얻어진 그 속에 있지 않다. 만일 그랬다면 야고보가 '낮은 형제여, 너의 높음을 자랑하라!'라고 말하지 않았을 것이다. 하나님의 약속은 물론 '살아 있는' 실재요, 영적으로 만져지는 살아 있는 소망이다. 그것은 오늘 내가 믿음으로 이미 실제로 누릴 수 있는 복되고 가슴 벅찬 무엇이다. 그러나 그 하나님의 약속의 살아 있는 복의 내용이 반드시 내가 꿈꾸는 그런 식의 세상적인 축복일 필요는 없다.

주님은 당신이 원하는 평수의 집을 그려 놓고 그것을 매일 쳐다보고 그 집문서를 손에 넣는 꿈을 꾸고, 그것이 이루어질 것이라고 확실히 믿고 기도하면 그대로 되리라고 가르치지 않으셨다. 도리어 '들에 핀 백합화'를 보고, '공중에 나는 새'를 바라보라고 하셨다. 거기서 하나님의 넘치는 사랑과 보호를 확신할 뿐, '너희는' 오직 하나님의 나라와 그 뜻을 구하라고 하셨다.

　우리가 믿음 안에서 영적 실재로 확고하게 누릴 수 있는 것들은 우리가 만들어 낸 꿈이 아니라, 하나님의 살아 있는 약속이다. 죄 사함과 부활의 능력, 하늘에 속한 생명과 경건의 능력들은 성령 안에서 믿음을 통해 우리 속에 이미 그리고 언제나 차고 넘친다.

　우리는 그리스도와 함께 죄에 대하여, 세상에 대하여 이미 죽었고, 또한 그와 함께 이미 살아났다! 이것이 약속의 실체이고, 복음의 내용이다. 에베소서의 말씀대로, 이미 예수 그리스도와 함께 하늘 보좌에 앉아 있다!(엡 2:6)

　믿음의 보상으로 반드시 이 세상을 가져야 하는 것은 아니다. 이미 하늘을 가진 사람이기 때문이다. 이미 영원한 것을 가진 사람이기 때문이다. 이미 밭에 감추인 보화를 꺼낸 사람이기 때문이다. 이미 성령을 받았고 영생을 누리기 때문이다.

　그래서 세상에서 가난하고 낮아져도, 그 가난과 낮음이 그를 진정으로 가난하게도 낮게도 만들지 못한다. 더 이상 세상의 그 어느 것도 그를 비참하게 만들지 못한다. 그리스도께서 이미 그에게 의와 거룩과 지혜와 구원이 되셨기 때문이다.

　그래서 주의 뜻이면, 세상에서 가난할 수도 혹은 부할 수도 있다. 낮을 수도 있고 아니면 높을 수도 있다. 하지만 그런 것들이 결코 그의 '자랑거리'도 '치욕거리'도 되지 못한다. 그것은 주의 뜻을 이루기 위해, 이 세상에서 잠시 그에게 주어진 각각 다른 '기회들'일 뿐이기 때문이다. 부한 데도 가난한 데도 처할 줄을 배우는 것이다.

그렇지 않다면, 그는 세상 속에서 하나님의 뜻을 이루어 드리기 어렵다. 복음은 내가 원하는 바가 이루어진 것이 아니라, 하나님이 나를 위하여 원하신 바가 드디어 이루어진 것이다. 그 모든 성취와 성취의 기쁨은 예수 안에 있다. 예수님이 복음이다. 그리고 신자는 바로 그 복음이신 예수님을 받은 것이다. 거기에 그의 모든 자랑이 있고, 있어야 한다. 승리가 오직 거기에만 있기 때문이다.

"낮은 형제는 자기의 높음을 자랑하고" _ 약 1:9

선을 행해야 하는 이유

왜 신자는 선행(善行)을 해야 하는가? '이신칭의'(以信稱義) 곧 '믿음으로 구원받는다'는 고백에 기초한 신앙은 이 질문에 쉽게 답을 찾지 못한다. 만일 선을 행하지 않으면 구원받지 못하는가? 믿음으로만 구원받는 것이 아닌가? 행위가 따르는 믿음이라야 하는가?

마태복음은 전혀 다르게 접근한다. 다른 답을 내놓는다.

하늘에 계신 우리 아버지의 이름, 온 세상이 인정하고 찬양해야 할 그의 거룩한 이름이 신자가 세상 속에서 선을 행해야 하는 이유이다.

세상 속에 살다 보면 하고 싶은 것도 많고, 하고 싶지 않은 일도 많다. 하지만 신자가 하고 싶은 것을 하지 않고, 하기 싫은 일도 해야 하는 이유가 무엇인가? 마태의 답은, 하나님의 이름 때문이다. 흔히, '하나님의 영광을 가리는 일이 두렵다'라고 말하는 그 이유이다.

신자들이 어떻게 세상 사람들 가운데서 그들로 하여금 하나님께 영광을 돌리게 할 수 있는가? 그것은 하나님께 대한 종교적 차원의 믿음이 아니라, 세상 사람들도 이해할 수 있는 성도들의 선행, 아름다운 일, 덕스러운 일, 그들조차 감동할 만한 선하고 은혜로운 행위들로 인해 가능하다.

그러나 그것은 엄청난 봉사라든지 대단한 구제이기보다 우선적으로, 권세를 주신 하늘의 하나님을 두려워함으로, 정당한 법과 제도들부터 정직하게 순복하는 것이다. 신자든 교회든, 우리는 하나님의 뜻을 직통으로 받아 행한다는 생각 때문에 인간 제도에 대해 예외라는 특권적 생각과 태도를 보이는 것은 옳지 않다. 특권 의식을 버려야 한다.

교회가 요구하는 일련의 '종교적' 행위들을 다 한다고 해서 세상 속에서 빛과 소금이 될 수는 없다. 세상 속에서 빛과 소금이 되는 일은 이런 상식적인 수준에서부터 시작한다. 그리고 여기서 더 나아가서 선을 행하다가 억울하게 당하는 의로운 고난도 참아 낼 때, 교회는 비로소 세상 속에서 그 나라의 은혜와 진리를 더욱 찬연하게 드러내기 시작하는 것이다.

> "그들로 너희 착한 행실을 보고
> 하늘에 계신 너희 아버지께 영광을 돌리게 하라"_ 마 5:16

'작은 일'에 충실하려면 '큰 믿음'이 필요하다

하나님께서는 역사 속에서 그 약속을 성취하시기 위해 단계적으로 일하신다. 그리스도 예수는 '아브라함의 아들'로서 열방을 자신에게 이끌기 위해 우선 '다윗의 아들'의 책무를 다한다. 자기 백성을 치유하고 회복하시며 새로운 사명을 주신다.

크신 하나님께서 실제로 역사 안에서 일하실 때는, 매우 구체적이고 제한된 사역에 집중하신다. 오늘 나에게 맡겨진 일을 하나님 앞에서 충실하게 감당하는 것이, 하나님의 크신 나라를 가져오는 중대한 사역임을 잊지 말아야 한다. 하나님의 사람은 큰 비전을 품지만, 극히 작은 일에 충실한 사람이다. 적은 믿음으로도 큰일을 할 수 있지만, 작은 일에 충실하려면 큰 믿음이 필요하다.

마태복음 1:1은 이스라엘의 전 역사, 아니 인류의 전 역사가 한 사람 예수 그리스도에게 집중된다는 사실을 보여 준다. 하나님에게는 한 사람이 중요하다. 아담 한 사람이 중요했고, 아브라함 한 사람이 중요했다. 마리아와 요셉의 이야기도 마찬가지이다. 마태복음 1장은, 옛 언약 백성의 간절한 소원이었던 '다윗의 왕국'이 드디어 그 약속의 자손인 '다윗의 아들' 예수를 통해 이루어지는 엄청나게 놀랍고 기쁜 소식을 선포한다.

그런데, 그 놀라운 하나님의 구원의 역사는, 로마 식민지 지배하에 살던 젊은 유대인 신혼부부의 '지극히 사소해 보이는 일상' 속에서 일어난다. 로마의 칙령에 따라 고향에 돌아가 호적 신고를 할 수밖에 없었던 무력한 사람들, 그 밤에 잘 곳이 없어 이리저리 헤매다가 찾아든 마구간에서 아이를 낳는 평범하기 그지없는 일상 속에서 일어난다.

그래서 마태복음 초두에 나오는 '낳고, 낳고, 낳고, 낳았더라'는 족보 이야기는 예사롭지가 않다. 온 세상을 구하는 하나님 나라의 거대한 역사는, 이렇듯 '낳고, 낳고, 낳는' 평범한 사람들의 평범한 일상 속에서 일어난다. 일상이야말로, 하늘의 신비와 종말의 엄청난 사건이 찾아 들어오는 비밀의 문(門)이다.

큰 믿음으로 일상의 작은 일들을 해내는 것이야말로 신앙의 본질이다. 세례 요한도 그런 하나님의 사람이었다. 그는 예수님이 세례받으러 오시는 것을 보고, 새 언약이 성취될 새로운 역사, 하늘이 열리고 종말이 현재로 쳐들어오는 개벽의 역사를 내다보았다.

그렇게 원대한 비전을 보았던 세례 요한이 어디에서 자신의 삶을 마감했는가? 아마 머리 둘 곳도 마땅치 않았을 작은 감방이었을 것이다. 그런 작은 점 하나를 찍고, 그 위대한 세례 요한은 그 위대한 사역을 마감했다. 그 역시, 큰 믿음으로 작은 일에 충성했던 하나님의 사람이었다.

한 사람이, 자신의 사소해 보이는 일상 속에서, 하나님의 뜻을 받들어 순종할 때 큰 역사가 일어난다. '나 하나쯤이야'라는 생각은 하나님 앞에서 사는 사람의 태도가 아니다. 그것이 하나님의 뜻이기 때문에, 내가 아무것도 안 해도 이루어질 것이라고 말하는 대신, '내가 짊어지고 그 뜻을 이루어 드려야겠다'고 생각하라.

하나님의 원대한 뜻은 그 뜻을 순종하겠다고 자신을 드리는 한 사람을 통해 이루어진다. 예수님 한 사람 때문에, 우리가 의롭다 하심을 입었다. 나 한 사람 때문에 복을 얻는 사람들은 누구인가.

"마리아에게서 그리스도라 칭하는 예수가 나시니라"_ 마 1:16

삶으로 답을 써야 한다

성경 공부, 제자 훈련, 그리고 수많은 설교와 성경 해석의 다양한 방법론들까지, 무릇 성경을 해석할 때는 산상수훈의 예수께서 제시하신 바른 해석의 기준에 순복해야 한다. 즉, 해석의 증거는 삶의 열매이다.

삶의 열매가 말씀에 대한 해석의 증거이다. 예수께서는 우리가 말씀을 제대로 해석했는가에 대한 증거로 우리가 작성한 답안지나 수료증을 보지 않으실 것이다. 우리의 삶을 들여다보시고 삶의 열매들을 찾으실 것이다.

쉬운 공부는 없다. 삶으로 말씀에 응답하는 일도 결코 쉽지 않다. 가까운 모래 위가 아니라, 더 멀리 더 높이 있는 바위 위에 집을 짓는 일과 같다. 넓은 길만 편히 걷는 것이 아니라, 좁고 위험스러운 길도 감히 걷기로 택하는 것이다.

말씀에 응답하기 위해 실제의 삶 속에서 어떤 손해를 결단하는가? 어떤 위험을 감수하는가? 무엇을 참고 있는가? 어떤 무관심을 극복하는가? 어떤 오해를 감수하며, 어떤 고난을 감수하는가? 예수님의 말씀에는 삶으로 답을 내야 한다.

"그들의 열매로 그들을 알리라"_ 마 7:20

처절하게 일상적인 신앙

처절하게 일상적인 신앙

예수님은 그의 백성이 망가뜨려 도무지 바로잡기 어려운 역사, 혹은 일상사 한가운데 오셔서 그것을 뚫고 지나가신다. 신(神)이신 그분은 하늘에 머물며 손가락 하나로 처리하지 않으시고, 직접 온몸으로 고통을 안고, 자신을 떠나 스스로 엉겅퀴에 휘감겨 빠져나오지 못하는 양을 건져 내신다.

신앙은 때로 처절하기까지 하다. 처절하게 일상적이다. 신앙은 구호가 아니다. 숫자로 환산하기도 어렵다. 어떤 절기나 의례 속에 있지 않다. 매일매일 구차한 일상 속을 뚫고 가야 한다. 설명할 수 없는 고통이나 이해하기 어려운 고난, 당연하지 않은 억울한 현실 속으로도 지나간다. 신앙은 화려하지 않다. 아무도 피할 수 없는, 피해서는 안 되는 일상 속에 깃든 어둠과 절망, 악함과 고통 속을 뚫고 지나가게 되어 있다.

그렇지 않은 신앙, 진정성(眞情性)을 잃은 신앙은 아무것도 이루지 못하는 속 빈 깡통이다. 내가 겪는 고통이 곧 내 공동체의 아픔이고, 세상의 아픔이다. 내가 이 어둠을 뚫고 신앙으로 승리하는 것이 곧 교회의 승리이고, 하나님 백성의 승리이다. 욥의 승리는 곧 하나님의 승리였다. 아담의 패배, 이스라엘의 실패는 곧 하나님의 실패였다.

예수는 이런 심정으로 예루살렘에서 마지막 사역을 하셨다. 그분 한 사람의 순종으로 하나님이 승리하시도록 그분은 처절하게 온몸으로, 부패한 예루살렘의 중심부를 뚫고 지나가셨다. 하나님의 뜻은 허공에 떠 있는 구호가 아니라, 오늘 내가 일상 속에서 부딪히는 어둠과 고통에 정직한 신앙으로 대결하는 바로 거기에 있다.

신앙은 처절하게 일상적이다. 일상적인 어둠, 일상적인 절망, 일상적인 유혹, 일상적인 고통, 일상적인 시험, 일상적인 인내, 거기가 하늘과 땅이 만나 싸우는 영적, 우주적 격전지이다. 전심으로 싸워야 한다.

"광야로 가사 사십 일을 밤낮으로 금식하신 후에 주리신지라"

— 마 4:1-2

성적 평가에 임하는 자세

A는 'almost'이다. 거의 다 왔다는 뜻이지.
다 잘했다가 아니다. 한 가지를 잘했을 뿐이다.
A⁺는 거의 다 오려면 뭔가 더 플러스 요인이
있어야 한다는 뜻이겠지. 결코 자만 말라.

B는 'beautiful'이다. 모든 평범한 것들은
다 아름답다. 들꽃이 그렇고, 구름이 그렇고
하늘과 바람과 별이 그렇다. 보통이어서 아름답다.
하나님은 보통을 사랑하신다. 그래서
가장 많이 만드신 것이다. 기뻐하라.

C는 'Christ-like'이다. 깨어진 마음이겠지.
그리스도를 닮으려면, A보다는 C를 받는 편이
더 낫다. 깨어지고 낮아진 마음이야말로
주님께 가까이 가는 빠른 길이다. 잘된 것이다.
주님을 닮아 가는 일에 더 열심을 내라.

D를 궁금해하는 사람들이 있는데, 'done it well!'이다.
잘했다. 너의 적은 능력으로도 충성을
다하였으니, 기뻐하고 즐거워하라.

어떤 은사든, 감사히 받고 충성되면 된다.
착하게 살자. 끝이 있다.

F는 'fine'이다. 괜찮다. 아직 세상 끝난 것이 아니다.
살아서 성적을 보고 있지 않은가. 세상도,
인생도 끝난 것이 아니니, 걱정 말라.
심은 대로 거둔다는 교훈을 뼈에 새기라.
그리고 이제부터 부지런히 선하고 좋은 것을
심어 보라. 진짜, fine한 인생을 살게 될 것이다.
실패보다 중요한 것은 배우고 성장하는 일이니까.

상대 평가는 어리석은 평가 방식이다.
잘하는 영역이 다르고, 성장하는 속도가
다 다르기 때문이다. 그것으로 자신에 대해 우쭐하지도,
실망하지도 말라. 무슨 일에든지, 그 결과를 통해
깨닫고, 배우고, 성장하면 그만이다. 그것이 최선이다.

"여러 가지 시험을 당하거든 온전히 기쁘게 여기라"_ 약 1:2

지혜 중에 탁월한 지혜

신앙생활은 의외로 막연하지 않다. 하나님은 멀리 계시지 않기 때문이다. 진흙이 도자기 굽는 사람의 손안에 있는 것처럼, 아이가 어머니의 배 속에 있는 것처럼 하나님은 그렇게 가까이에 계신다.

만일 진흙이 마구 주물러지면서도 도대체 도공(陶工)은 어디에 있는 거냐고 소리친다면 그 모양새가 어떨까? 만일 배 속에 있는 아이가 이렇게 흔들리고 갑갑한데 도대체 이 모든 것에 무슨 이유가 있는지 모르겠다고 순간마다 불평하고 발로 차고 뒤흔들고만 있다면 그것을 무엇이라고 부를 수 있을까? 무지(無知)이다.

신앙생활에 있어서 가장 큰 병은 무지이다. 깨닫지 못하는 것이다. 이상하게도 깨닫지 못하면 성숙은 찾아오지 않는다. 진흙이 도자기가 되지 않는다. 태아가 성숙하여 사람의 모습을 갖추어 가는 변화를 드러내지 못한다.

성숙은 저절로 되지 않는다. 신앙은 이해를 요구한다. 변해야 하는 것이 다른 무엇이 아닌 자기 자신이기 때문이다. 그래서 신자에게는 하나님께서 자신과 더불어 역사하시는 그 역사에 대한 이해와 자각(自覺)이 있어야 한다.

그러므로 시험을 당할 때에 지혜를 구해야 한다. 간절히 구해야 한다. 말씀을 찾아보아야 한다. 하나님께서 내가 당한 이런 처지에서 무엇을 요구하시는지 말씀을 찾아보고 거기서 원칙과 도리를 발견해야 한다.

용서하라고 하시면 용서할 수 없어도 용서해야 한다. 믿고 맡기라 하시면 그렇게 해야 한다. 그렇게 하면 벼랑 끝에서 뛰어내리는 것 같아도 해야만 한다. 버리고 끊고 단절하는 것이 답이면 죽을 것 같아도 버리고 끊고 단절해야 한다.

그렇게 하기 위해 몸부림치며 기도해야 한다. 그것이 시험이다. 답을 달지 않는 한 문제는 없어지지 않는다. 다만, 그 시험 속에서 하나님께서 나에게 요구하시는 그것, 그것을 말씀과 기도와 묵상을 통해 깨닫고 그 요구에 순종해 드릴 때, 그 시험은 더 이상 효력을 잃고 물러간다. 통과했기 때문이다. 대나무에 마디가 생기는 것처럼, 도자기가 형태를 더욱 갖추어 가는 것처럼, 태아에게 눈, 코, 입이 생기는 것처럼, 거기에 비로소 성숙과 성장이 찾아온다.

시험 속에 있는가? 어떤 시험이든 상관없다. 하나님과 관계없고 내 신앙의 성숙과 관련 없는 시험은 없다. 오직 먼저 지혜를 구하라. 말씀이 요구하시는바, 내 안의 성령께서 요구하시는바, 우리를 빚으시는 하나님께서 요구하시는바, 하나님과 나만 아는바 그것을 들어드리라.

그 문제에 합당한 그 답을 쓰라. 거기에 큰 기쁨이 있다. 거기에 말할 수 없는 영적인 복과 자유, 그리고 진정한 성장과 삶이 있다. 지혜 중에 탁월한 지혜는 내가 당한 시험 속에서 나를 향하신 하나님의 뜻, 그 뜻을 진실로 깨닫는 지혜이다.

"누구든지 지혜가 부족하거든" _ 약 1:5

사명인가, 생존인가

아주 단순한 사실이 있다. 믿지 않는 사람이든 믿는 사람이든, 세상이 '생존'에 부여하는 가치는 어마어마하다는 사실을 알고 있다. '먹고사는 것' 혹은 '잘 먹고 잘 사는 것' 혹은 '건강하게 다치지 않고 잘 사는 것'처럼 자연스러운 기대는 없어 보인다. '잘 살아보세'가 구호였던 때부터 지금껏, 아무도 이 가치에 토를 달 사람이 없다. 교회도 마찬가지이다.

교회에서도 '생존'은 '복' 혹은 '성공'이라는 이름으로, 예수 잘 믿는 가장 중요한 표시로 통용된다. 죄가 가져온 비참에는 가난도 있다. 하지만 더 근본적인 문제는 우리가 생명의 하나님을 떠났고, 그분이 보내신 생명의 주를 죽인 그 어둠 속에 있다는 사실이다.

사실 생존은 진실하기도 하고 절대적으로 보이기까지 하는 가치이다. 베드로도 물론 이런 '따뜻한 온정'으로 예수를 섬겼다. 하지만 예수께서는 결정적인 순간에 베드로의 이 '따뜻한 온정'을 거부하셨다. 예루살렘으로 십자가를 지러 올라가시는 주님을 베드로가 막아선 때였다. "그리 마옵소서." 베드로는 진심으로 예수님을 걱정한 것이었다. 인간적으로 얼마나 가슴 뜨거운 충성인가.

하지만 '사람의 생각'이었다. 하나님의 생각, 하나님의 뜻은 아니었다. 아무리 뜨거워도, 하나님의 뜻이 아니면 사랑이 되지 않는 경우이다. 메시지는 간단하다. 제자의 삶에 있어서 '생존'은 최고의 가치도 절대의 가치도 아니다. 만일 오늘날처럼, '보다 잘 생존'하게 하는 '복'이 예수 잘 믿은 표시처럼 여겨지는 것이 전부였다면, 초대 교회에서 순교할 사람들은 거의 없었을 것이다.

예수님의 삶의 목적은 '단순히 살아남기 위한' 것이 아니었다. 자신의 생명을 교회의 기초로 내놓는 맞바꿈의 사명이었다. 그분은 처음부터 죽음을 계획하고, 계획된 죽음을 향해 발을 내딛고 있다. '생존'이 가장 큰 가치였던 베드로는 따라갈 수 없는 길이었다. 결국, 그리고 실제로 역사하는 가장 큰 가치는 무엇인가? 사명인가, 생존인가?

물론 오늘날 교회가 추구하는 바처럼, 풍성하게 생존하며 사명을 이룰 수 있다면 제일 좋을 것처럼 생각된다. 하지만 이 둘이 서로 충돌하는 그 자리에 예수께서 서 계신다. 사실 그 둘은 언제나 충돌한다. 그리고 거기에 십자가가 서 있다. 그 십자가가 곧 하늘로 열린 문(門)이다.

베드로의 생각에는 얼마나 '효과적일지'는 모르나, 그가 '메시아'로 고백했던 그분은 그 결정적인 선택의 순간에 생존이 아니라 사명을 향해 그분의 발을 힘차게 내디디신다. 질문은 베드로뿐 아니라, 우리 자신 위에도 떨어진다. 어디로 갈 것인가?

"누구든지 제 목숨을 구원하고자 하면 잃을 것이요" _ 마 16:25

메시지를 방해하지 않는 삶

복음을 전하는 자의 메시지와 그 복음을 전하는 자의 삶은 일치해야 한다. 은혜의 복음은 은혜의 방식으로 전달되어야 한다. 천국의 복음을 전하는 사람의 삶이 탐욕스러울 수는 없다. 하나님만으로 충분하다고 고백하는 신자가 덕지덕지 욕심을 부리며 살 수는 없다. 은혜의 복음을 선포하는 교회가 자신의 크기를 부풀리는 일에만 열을 올릴 수는 없다.

세상은 이런 불일치, 즉 전하는 내용과 전하는 자의 삶의 불일치를 보고 이해하지 못한다. 그들의 눈에는 이것이 너무도 심각한 장애가 된다. 우리가 전하는 메시지와 그 메시지를 전하는 우리의 모습이 다른 부분들이 있다면 바로잡아야 한다. 메시지를 전하는 자는 자신이 전하는 메시지에 방해가 되지 말아야 한다.

하나님 나라를 유업으로 받을 자라는 신앙이 있다면, 이를 온유한 삶으로 보여 주어야 한다. 신자는, 교회는 이 땅에 영원히 뿌리박고 살기 위해 존재하지 않는다. 우리가 존재하는 이유는 우리가 드러내고 전하는 메시지 때문이다. 나는 내가 전하는 메시지를 방해하지 않는 삶을 사는가?

신자의 삶은 해석된 말씀이다. 그의 삶이 어떻든지 그것은 그가 듣고 해석한 하나님의 말씀에 대한 반응이다. 사실 모든 삶은 '신학적'이다. 하나님과 그분의 말씀에 대한 응답이기 때문이다. 그래서 복음을 들었다면 우리의 삶은 복음적이어야 한다.

자신의 삶이 곧 우리가 듣고 배운 말씀에 대한 해석이요 신학, 곧 '하나님을 아는 지식의 표현'이기 때문이다. 무슨 말을 하든, 세상은 우리의 삶을 보면서 하나님을 보게 된다. 그러므로 신자의 삶은, 어쩔 수 없이 그가 온몸으로 쓰는 말씀에 대한 해석이다.

"너희는 우리로 말미암아 나타난 그리스도의 편지니"_ 고후 3:3

예수보다 크지 않다면

권위의 남용, 권력의 남용은 우리가 살아가는 이 '실낙원'에서 가장 오래된 특징들 가운데 하나일 것이다. 사람이 하나님의 동산에서 쫓겨난 이후부터 권력과 권위는 부패하기 시작했고, 그 부패는 가장 광범위하고 심각한 피해를 불러일으키곤 했다.

역사를 돌아보라. 권위나 권력의 남용과 부패는 얼마나 많은 사람에게 얼마나 깊은 비참을 가져왔는가? 주위를 둘러보라. 사람들은 '권위'를 어떻게 사용하고 있는가? 소위, '권위자'들은 어떻게 행동하는가?

권세나 권력은 마약보다 중독성이 강한 매력이 있다고 한다. 그것은 너무나도 쉽게 그것을 가진 사람의 눈과 귀를 멀게 만든다. 다른 모든 것을 견디고 극복했어도, 권력과 권위의 유혹에는 간단하게 '벌거벗은 임금님'이 된다.

가정에서, 학교에서, 사회에서, 역사 속에서, 부패한 권위, 부패한 권력의 모델을 수없이 보아 온 사람들은, 과연 참된 권위, 참된 권력이 어떤 것인가에 대한 감각조차 없다. 아마도 이 모든 권위를 만드시고, 그 권위들에게 권력을 주신 최고의 권위자요 권세자인 하나님께서 그 권위와 힘을 어떻게 생각하며 어떻게 쓰시는지를 목격한다 해도, 그들은 그것을 우습게 여길지도 모른다. 아니, 실제로 그러했다.

예수께서 '권세'의 핵심을 '섬김'이라고 정의하신 것은, 하나님 자신이 그러하신 분이기 때문이다. 예수께서는 최고의 권위자이신 하나님이 과연 '어떠한' 권위자이신지 보여 주셨다. 예수께서는 자신에게 주어진 권세를 자기를 구하기 위해 쓰지 않으셨다. 성경적으로 정의된 권세는 가장 권세 없는 자들을 살리고 풍성케 하기 위해 존재한다. 생명을 주고 더 풍성하게 하는 것이다.

그러므로 독재는 죄악이다. 권력을 이용해 자신의 배를 불리고 그것을 거짓으로 덮는 일도 죄악이다. 그리스도이신 예수께서 그분의 삶과 십자가로 세워 놓으신 이런 엄격한 기준에 어긋나게 권세를 사용하면, 모든 권세를 주신 전능하신 하나님 앞에서 책임을 져야 한다. 남용은 잠깐이지만, 책임의 결과는 영원하다.

우리는 우리에게 주어진 권세를 어떻게 사용하는가? 우리가 하나님보다 크며, 그의 아들, 다윗의 아들, 모든 열방의 목자이신 그 섬김의 종 예수보다 큰 자들인가? 아니라면, 어디서든 섬김을 위해 권위와 권세를 쓰신 그분의 길 뒤를 바짝 쫓아가야만 한다.

"천국에서는 누가 크니이까"_ 마 18:1

기독교 정통 신비주의와 일상

기독교 정통 신비주의는 '일상'(日常) 속에 있다. 날마다 하는 일과(日課), 설거지, 청소, 가족을 대하는 일, 이웃을 대하는 일, 사소한 친절, 거짓된 일과 유혹을 뿌리치는 일, 불리해도 약속을 어기지 않는 일, 믿을 만한 사람이 되는 일, 하나님의 뜻을 저버리지 않는 인내, 용서하는 일, 용기 내어 진리를 말하고 행동으로 실천하는 일, 맡겨진 책임을 다하는 일, 끝까지 사랑하는 일, 그런 일상 속에 주어진 작은 일들에 있다.

사십 일을 금식했든, 사백 일을 기도했든, 그 긴 날 동안 과연 '무엇을' 기도했는지가 훨씬 더 중요하다. 그 결과, 그 영적 경험이 과연 일상에서 참된 사랑으로 나타나는지가 가장 중요하다. 그렇지 않다면 가짜이다. 이단적이고 거짓이다. 성경적인 신비주의, 신령한 체험, 성령의 깊은 것을 알고 경험하는 모든 일은, 땀 흘리는 정직한 노동, 일한 것으로 먹고 사는 검소함, 노동하지 않고 떼돈 벌겠다는 유혹을 버리는 절제, 더 큰 하나님 나라를 세워 가기 위한 형제 우애와 경건 그리고 사랑의 삶으로 나타난다.

누가 와서, 자신은 산속에 굴을 파고 거기 들어가 오래 금식을 했으며, 성경 전체를 암송한다고 자랑하거든, 그의 일상을 보라. 그가 이웃을 사랑하는 사람인지, 그가 진실한 사람인지, 그가 하나님의 이름을 위하여 자신의 욕망과 헛된 자랑을 내려놓을 수 있는 사람인지, 교회와 세상 앞에 선한 행실로 덕을 세우며, 모든 공(功)을 하나님께 돌리는 겸허한 사람인지, 그의 일상과 그의 성품을 보라.

성경이 말하는 신비주의는 어떤 '영적 체험이나 능력이나 지식'에 있지 않다. 거기가 본질도 절정도 아니다. 하다못해 고대에 무예를 닦는 세계에서도, 기이한 능력을 행하는 자들, 장풍을 날리며, 축지법으로 천 리를 간다 하며, 비범한 검(劍)을 쓴다 하는 자들은 모두 하수(下手)에 속한다. 최고의 무예가들은 '도'(道)의 세계를 걷는다고 한다. 곧 인의와 충절의 정도(正道)를 걷는 자들이다.

기독교 신비주의는 '길' 되신 '말씀' 속에 있다. 성경이 명확히 가르치는 진리와 형제 사랑, 이웃 사랑의 길을 걷지 않으면서, 하나님과의 신비한 사귐이나 체험을 말하는 자들은, 모두 성경에서 떠난 자들이다. 성경이 가르치는 신비주의는 성령 안에서 오직 말씀을 따르는 것으로 나타난다.

말씀을 떠난 성령 운동은 그래서 거짓이며 속임수이다. 성령께서는 말씀을 증거하시고, 말씀을 이루게 하시며, 말씀의 길을 따라가게 하신다. 말씀을 떠난 기독교 신비주의는 모두 거짓이다. 하나님을 아는 지식과 그분과의 깊은 사랑의 사귐은 모두, 언제나, 일상 속에서 참된 사랑의 삶으로 나타나야 한다. 그것이 정통 기독교적, 성경적 신비주의이다.

> "그를 아노라 하고 그의 계명을 지키지 아니하는 자는 거짓말하는 자요"_ 요일 2:4

뜻밖의 선지자

그레다 툰배리(Greta Thunberg)는 2003년생이다. 이 어린 소녀는, 여덟 살 때 지구의 기후 변화와 위기에 대해 듣고 밥을 못 먹고 말을 거의 못 하게 된다. 그렇게 삼 년이 지나 마침내 툰베리는 금요일마다 등교를 거부하고, 스웨덴 국회 의사당 앞에서 홀로 '기후 행동을 위한 등교 파업'을 실천한다.

처음에는 아무도 주의를 기울이지 않았지만, 지금은 유엔(UN)에서 연설을 할 만큼 이 소녀의 목소리는 전 세계로 퍼져 나갔다. 툰베리의 외침은, 기후 변화와 위기에 대한 분석이 아니라, 행동이, 오직 행동만이 희망을 가져온다는 사실을 일깨웠다. 실로, 지구의 기후 위기의 문제는 절박하다!

한국에서도 어린 학생들이 나서기 시작했다. 앞으로 우리나라에서도, 국회 의사당에서 초등학생이 대한민국의 기후 정책에 대해 연설하는 것을 들을 수 있을까?

삼십 년, 사십 년, 오십 년 후의 미래를 살아가야 할 청소년들의 목소리에, 여야의 국회의원들이 귀를 기울일 수 있을까? 이 아이들의 목소리도 정치적 발언으로 들어 줄 수 있을까? 이 아이들의 기후에 대한 외침이, 9시 저녁 뉴스에 나올 수 있을까?

선지자란, 암담한 현실과 어두운 미래, 왜곡된 역사를, 자신의 투명하고 깨끗한 영혼으로, 온몸으로 강력하게 받아들이는 사람이다.

모두에게 닥친 위기임에도, 아무도 행동하지 않는다는 절박함 앞에서, 자신이 그 짐을 지고 말하며 행동하지 않으면, 도저히 마음이 뜨거워져 견딜 수 없는 책임감에 휘말리는 것이다.

'내가 할 수 있나?'라는 연약함에도 불구하고, '그렇게 하지 않으면 안 될 것' 같은 책임감에 분연히 일어나는 것이다. 그래서 종종 연약해 보이는 이들이 역사의 전면에 나서게 된다. 선지자는 뜻밖의 장소에서 나타나곤 한다.

> "피조물이 다 이제까지 함께 탄식하며
> 함께 고통을 겪고 있는 것을 우리가 아느니라" _ 롬 8:22

'지혜 충만'을 구해야 하는 시대

'성령 충만 집회'라고 쓴 포스터는 본 적이 있지만, '지혜 충만 집회'라는 표어는 본 적이 없다. 봄과 가을에 '심령 대부흥회'를 하면서 성령 충만을 위해 기도하자는 말은 들었어도, 지혜 충만을 위해 기도하자는 말은 아직 들어 본 적이 없다.

하지만 지금은 '지혜 충만'을 위해 집회를 열어야 하고 부흥 대성회를 해야 하는 시대이다. 성령 충만으로 심령이 새롭게 된다. 병을 고치기도 하고, 마치 봄비를 맞은 땅처럼 하나님 앞에서 새로운 심령으로 회복되기도 한다.

하지만 성령 충만은 곧 지혜 충만도 의미한다. 하나님의 신은 곧 지혜의 영이시기 때문이다. 신약 곧 새 언약의 백성은 하나님께서 그분의 영을 그들의 속에 두신 자들이기도 하지만, 또한 그분의 법 곧 그분의 말씀을 그들의 심령에 심어 놓으신 자들이기도 하다.

그들의 영적 본질이 하나님의 영이기도 하지만, 또한 하나님의 말씀이 그들의 영적 DNA이기도 하다. 그래서 그들은 성령으로 충만해야 하고, 동시에 지혜로 충만해야 한다. 성령으로 충만하여 하나님의 교회를 세워 가는 데 필요한 온갖 은사들을 받고 그 은사들로 섬겨 하나님의 교회를 세운다.

하지만 그 교회는 동시에 범람하는 세속의 물결 한가운데 떠 있는 배와도 같다. 성도들이 성령으로 충만하여 세상 한복판으로 나아가서 세상 사람들 속에서 살아가야 할 때, 그때 하나님의 영은 그에게 '하나님의 지혜'가 되신다. 또 그래야만 한다. 교회 안에서 성령 충만이 중요하다면, 세상 속에서 살아가는 그리스도인에게는 지혜가 결정적이기 때문이다.

그래서 성령이 강조되는 것처럼, 지혜도 강조되어야 한다. 성도들이 교회 안에만 있지 않고 세상 한복판에 있기 때문이다. 성령 충만이 지혜 충만을 의미한다는 사실이 따로 강조되어야 한다. 왜냐하면 성령 충만한 것 같은데, 현실에서는 종종 전혀 지혜롭게 보이지 않는 경우가 너무 많기 때문이다.

성령 충만한 목사로 알려진 사람이, 기도에 능하고 방언에 능하고 설교를 할 때도 능력이 충만한 것 같은데, 교회 정치

때는 탐욕과 반칙을 일삼아 상식 이하에도 못 미치는 일들로 점철하여 교회와 세상의 비난을 한몸에 받는다. 어떻게 그런 일들이 가능할까?

성령이 충만한 분들이 정치계에 들어가서 집무실에서 기도하고 말씀을 본다는데, 참된 정치에 필요한 지혜를 발휘하지 못하고 도리어 거짓과 부패로 일관하여 세상의 눈에도 더러운 이력들을 남긴다. 왜 그렇게 될까? 교회 안에서는 성령 충만하다는 분이 사업을 하시는데, 그 운영 방식이 세상보다 더 세상적이어서 하나님의 지혜로 다스린다는 칭송을 받는 것이 아니라, 세상보다 더 불법을 저지르고 반칙이 많다는 비난을 듣는다.

그런데도 봄과 가을에는 여전히 대성회가 열리고, 그때마다 성령 충만을 부르짖는다. 그래서 성령 충만을 받았는데, 정치에서 경제에서 문화에서, 삶의 각 영역에서 여전히 어리석고 부패하고 잔인하고 불의한 일을 계속 행한다. 성령 충만하여 방언으로 말하면서 여전히 거짓말을 밥 먹듯 하고, 돈과 권력에 탐욕스러우며, 말로만 긍휼을 베풀고, 말로만 정의를 부르짖고, 약속을 수시로 어긴다. 어떻게 이것이 가능한가?

하나님의 신(神)은 곧 '지혜'의 신이시다. 성령을 받은 자들은 곧 하나님의 법이 그 심령에 심겨진 사람들이다. 위로부터 오는 지혜를 계속해서 받고 누리는 사람들이다. 우리를 율법의 속박에서 자유하게 하시는 하나님의 영은, 또한 우리로 하여금 이 세상 한복판을, 이 세상을 지으신 하나님의 창조 원리인 그 지혜로 능히 지나가게 하신다.

지혜 충만이 절실하다. 지혜 충만이 필요한 시대이다. 온 세상이 우러르고 따를 만한 지혜 충만을 구하라. 교회 안에서만 성령 충만한 신자가 될 것이 아니라, 세상 한복판에서 '정의'(正義)와 '공도'(公道)를 행하는 지혜 충만한 신자가 되어야 한다. 세상을 향해 성령 충만한 언어로만 말하지 말고, 세상 속에 흩어져 지혜 충만한 말과 행실로 소통해야 한다.

그래야 교회가 온전해진다. 그래야 세상 속의 빛과 소금이 된다. 그래야 예수 그리스도라는 머릿돌 위에 덩그러니 놓인 황량한 교회가 아니라, 세상 사람들이 우러르고 몰려드는 지혜와 참된 지식이 가득한, 하나님의 모든 세계의 부요한 '진리의 기둥과 터'가 된다.

세상이 바라볼 만한 지혜 충만을 구하라. 그래야 성령 충만하고도 이 세상이 주는 온갖 종류의 '두 마음'의 시험들과 그 죄악 속에 빠지지 않는다. 세상을 감당할 지혜를 얻었고, 그 지혜로 이 세상을 능히 지나가기 때문이다. 부지런히 지혜 충만을 구하라.

"너희 중에 지혜와 총명이 있는 자가 누구냐"_ 약 3:13

죄인들의 죄 없는 친구

기독교와 타인의 고통

늦은 저녁으로 먹은 밥이 얹힐 뻔했다. 다큐멘터리를 보았는데, 18-19세기 영국이 어떻게 설탕(sugar) 무역으로 거대한 부를 얻게 되었는지를 보여 주었다. 혹시 다소 일방적인 시각이었더라도, 노예선의 참혹한 현실은 역사적 사실이었다.

당시 영국은 탄자니아에 집결된 노예를 팔아, 식민지 카리브 해안에 만든 사탕수수 농장으로부터 설탕을 사서, 유럽에 파는 장사로 엄청난 부를 쌓았다. 노예는 '재산'이었으므로 보험을 들었고, 손상을 보전해 주는 보험 회사와 은행이 노예 산업과 함께 부를 누렸다.

다큐를 보다가 문득 궁금해졌던 것은 18-19세기 영국의 교회였다. 다큐는 물론 그때의 영국 교회를 다루지 않았다. 하지만 당시 노예선에 직간접으로 투자하고 참여한 귀족, 중산층은 리버풀과 같은 도시 전체를 움직일 만큼 방대했다고 한다. 그렇다면 이들 중 많은 이가 주일날 교회에 갔을 것이다. 예배 후에 함께 모여 앉아 차도 마셨을 것이다. 거기에 축복받은 표시인 '각설탕'도 넣어 마셨으리라.

어떤 노예선에서는 배 바닥에 오백 명의 노예들을 촘촘히 눕혀 놓고, 이들을 서너 달 동안 족쇄에 채워 짐짝처럼 운반했다. 어떤 경우는 식량이 떨어지자 백여 명이 넘는 노예들을 바다에 던져 죽였고, 더 놀라운 것은 영국의 보험 회사가 선주에게 이 '손실'을 보전해 주었으며, 당시 법정은 선주에게 아무런 죄도 묻지 않았다는 것이다.

더욱더 나는 그 당시의 영국 교회가 궁금했다. 아, 그때 영국 땅의 교회들은 무엇을 했을까? 그 수많은 영국의 부자와 귀족, 중산층 신자들이 주일날 멋지게 차려입고 교회에 나가 예배를 드렸을 것이다. 그 주일날 강단에 올랐던 설교자들은 무엇이라고 가르쳤을까?

오늘날에도, 주일에는 교회에 앉아 있고, 주중에는 사업장에서, 논밭에서, 공장에서, 계약직 노동자들, 외국인 노동자들을 갈취하고 학대하고 욕하고 부려서 큰 이득을 취하는 교인들이 있을 것이다.

오늘날에도, 주일에는 신실한 장로요 집사인데, 사회 속에서는 온갖 불의와 거짓으로 타인의 고통을 유발하는 것에 아무런 부끄러움도 느끼지 못하는 교인들이 있을 것이다. 오늘날에도, 주일에는 버젓이 예배드리고 헌금 잘 내고 신실한 신자인데, 외국에 세워 놓은 공장에서는 사원들을 학대하고 갈취하는 악덕 기업주들이 있을 것이다.

사실 18-19세기 그 참혹한 죄악을 저질러 부를 쌓았던 영국은 기독교 국가였다. 그들 가운데는 분명, '우리가 노예 산업, 설탕 무역으로 세계에서 이렇게 큰 부강한 나라가 된 것은 모두 하나님의 크신 축복이다'라고 주일마다 설교한 설교자들이 있었을 것이다.

하지만 일단의 그리스도인들이 있었다. 노예선을 타다 회심한 존 뉴턴, 그리고 나중에 그에게 영향을 받은 윌버포스가 있었다. 윌버포스는 1759년에 부유한 집안에서 태어났고, 21살에 이미 국회의원이 되었다.

그가 국회의원이 된 지 사 년 후에 복음을 만나 회심하여 영국 기독교를 뒤흔든 이야기는 유명하다. 그는 '진짜 기독교'를 회복하려 했다. 노예 제도 폐지를 위해 국회에서 피나게 싸웠고, 영국 사회의 도덕적 회복을 위해 죽을 때까지 매진했다. 1833년 그가 죽을 즈음에 그의 평생의 노력은 결실을 보았다. 영국이 노예 제도를 폐지한 것이다.

주님은 18-19세기 영국에서 자신의 형상인 노예들이 물건처럼 팔릴 때, 안타까이 찾으셨을 것이다. 내 교회여, 너희는 어디에 있는가? 누가 저 노예들을 위해, 누가 나를 위하여 갈꼬? 아, 18-19세기 도적질로 부를 쌓았던 기독교 국가 영국에 윌버포스 같은 이라도 없었다면, 교회는 어쩔 뻔했는가.

복음이란, '타인의 고통'에 우는 것이다. 복음이란, '타인의 고통'에 흔들리는 것이다. 복음이란, '타인의 고통'에 이끌리는 것이다. 그 고통이 내 것이 되는 일이다. 주님도 그 때문에 하늘 보좌를 버리고 이곳, 우리가 있는 이곳까지 와 주시지 않았는가. 지금도 교회는 눈을 들어 타인의 고통을 보고, 긍휼의 짐을 져야 한다. 나는 진정, 우리는 진정 복음에 깨어 있는 교회인가?

> "무리를 보시고 불쌍히 여기시니 이는 그들이
> 목자 없는 양과 같이 고생하며 기진함이라" _ 마 9:36

잘한 일

불쑥 강의실로 들어와 인사를 하고 나갔다.
만면에 미소를 띠고 기쁜 얼굴로.
그 학생은 일 년 전쯤, 그런 얼굴이 아니었다.
왜 이 학교 여기 와 있는지 알 수 없을 만큼,
어둡고 냉소적이고 무반응에 소문도 썩 좋지
않은 그런 아이였다.

포기할 수도 있었고 F를 줄 수도 있었고

화를 낼 수도 있었고 신경을 끌 수도 있었지만,
그러지는 않았다.
아주 잘 대해 준 것은 아니고, 그럴 수도 없었지만
포기는 없었다. 희망을 품고 희망을 주고,
주께서 나를 바라보시듯 그를 바라보며
그렇게 겨우 그렇게만 보내 주었다.

그것이 잘한 일이다. 정죄하지 않고, 버리지 않고
조금만 견뎌 준 것, 주께서 일하시도록
방해하지는 않은 것, 그것이 오늘 그의 화안한
얼굴을 보게 된 이유이다. 아슬아슬했다.
아무도 버릴 수 없고 포기할 수 없다.
그분이 그렇게 하시지 않으므로, 나도 그렇게 할
이유도 권리도 없다. 잘해야겠다.
그 녀석 참 밝아졌다.

"사랑하시되 끝까지 사랑하시니라" - 요 13:1

근묵자흑? 의와 거룩, 생명을 퍼뜨리는 자들!

오늘날 교회는 세속화되는 사회에서 점점 더 수세적이 되려 한다. 소금이 소금통에 숨으려는 것과 같다. 안전하기 때문이다. 소금끼리 서로 '정통' 소금임을 확인하며 계속해서 소금통 속에 머물게 되면, 스스로 짠맛을 낸다고 착각하게 된다.

그리스도인은 스스로가 옳고 거룩하며 정통이라는 것을 만방에 알리는 것만으로는 '충분한' 그리스도인이 되지 않는다. 그리스도인은 세상이 썩고 있고, 이단 사설이 난무하며, 모두 세속화되고 있는 더럽고 오염된 곳임을 선포하는 것으로써 그리스도인이 되지 않는다.

만일 그렇게 함으로써 그리스도인이 되는 것이라면, 예수님은 하늘에서 이 더럽고 오염되고 이단 사설과 우상 숭배가 만연한 세상 속으로 들어오실 필요가 없으셨을 것이다. 그저 하늘에서 '나는 우상 숭배를 하는 너희들을 반대한다'라고 배너를 걸어 붙이거나, 정 필요하다면 전도 전단지를 뿌리시면 되었으리라. 하지만 주님은 이 땅에 오셔서, '나는 세상의 빛'이라고 말씀하셨다. '나는 하늘로서 온 생명의 떡'이라고 하시며, 자신을 내주셨다.

그리스도인은 거짓 가르침이나 이단 사설이나 악을 극도로 미워하고 싫어하여야 한다. 그리고 그것에 물들지 않도록 자신과 또 하나님의 양 무리를 지키고 보호해야 한다. 하지만 거룩은 분리로만 지켜지지 않는다. 그럴 필요도 없다.

유다서는, 거짓 가르침에 속아 자신을 더럽힐 위험에 처해 있거나, 이미 그렇게 된 자들을 어떻게 대하여야 할지를 명확히 가르친다. "어떤 의심하는 자들을 긍휼히 여기라 또 어떤 자를 불에서 끌어내어 구원하라 또 어떤 자를 그 육체로 더럽힌 옷까지도 미워하되 두려움으로 긍휼히 여기라"(유 1:22-23).

소방관들은 불난 집 앞에서 그저 '불이 났다. 접근하지 말라'고만 말하고 끝나지 않는다. 만일 당신의 어머니, 형제, 아들, 딸이 그 불난 집에 있다면, 그 앞에 '접근 금지' 팻말을 꽂는 것으로 그칠 수 없을 것이다. 할 수 있다면, 불 속에서 그들을 구해 내야 한다. 성도의 가장 밑바탕에 있는 마음은 하나님의 마음, 예수님의 마음, 곧 구원하려 하는 긍휼한 마음이다.

'먹을 가까이하면 검어진다'는 말로 거룩을 지키려는 태도는 원래 그리스도인의 특권을 잘 모르는 태도이다. 맞다. 확실히 나쁜 사람과 사귀면 물들기 쉽다. 하지만 예수님을 보라. 어느 날 예수께서 길을 가셨다. 나병환자가 그에게 왔다. '원하시면 나를 깨끗하게 하실 수 있나이다.' 주께서 불쌍히 여기시고 그에게 손을 대셨다. 그러자 그의 나병이 나았다.

어느 날 예수께서 길을 가셨다. 혈루증 앓던 여인이 그분의 뒤에서 그분의 겉옷을 만졌다. 율법에 의하면 죄인이나 병자와 접촉한 자는 함께 더러워진다. 근묵자흑(近墨者黑)이다. 그래서 바리새인들은 죄인들과 격리하는 것을 거룩의 기준으로 삼았다. 분리의 거룩이다.

그러나 이해할 수 없는 일이 일어나고 있었다. 예수님이 죄인을 만지고 죄인이 예수님을 가까이했는데 예수님이 더러워지지 않고 죄인이 깨끗함을 입었다. 바리새인들은 거룩을 위해 어떻게 하면 죄인들을 피할 수 있을까를 생각했다. 예수님은 죄인들의 거룩을 위해 어떻게 하면 죄인들을 가까이 할 수 있을까를 생각하셨다. 새로운 소식이었다.

분리해서 얻는 거룩이 아니라, 생명이신 예수님을 '소유해서' 얻는 거룩이다. 예수님이 거룩이시다. 그것도 '전염되는 거룩'(contagious holiness)이시다. 죄와 죽음을 이기신 생명의 주님이기 때문이다. 이것이 기쁜 소식이다.

당신은 진정 진리를 소유했는가? 이 생명을 소유했는가? 예수를 가진 사람인가? 빛이신 그분이 그 안에 거하는 사람인가? 기쁜 소식을 가졌는가? 근묵자흑이다. 당신은 생명이신 그분으로부터 나오는 의(義), 사람을 깨끗하게 하는 거룩을 전염시키는 자여야 한다. 당신 때문이 아니다. 당신 안에 거하시는 그분 때문이다. 빛이신 그분이 비추시게 하라.

> "다만 예수의 옷자락에라도 손을 대게 하시기를 간구하니
> 손을 대는 자는 다 나음을 얻으리라"_ 마 14:36

무관심과 오해 속에서도

주님께서 십자가를 지실 때, 우리가 도와드린 것이 없다. 그분 혼자 하셨다. 아버지 하나님과 예수 그리스도, 그리고 그분을 도우신 성령께서 홀로 그 길을 가셨다. 오히려 무지와 오해, 그것을 넘어서는 미움과 질시, 저주와 배신 속에서 홀로 가셨다.

긍휼이란 이런 것이다. 은혜란 이렇게 홀로 가는 것이다. 은혜를 받는 사람이 은혜받을 만하지 않기 때문이다. 은혜란 '마땅히 받아야 하는 그 정반대의 대접을 받는 것'이다. 하나님 편에서는 말할 수 없는 아픔이요, 위로받을 길 없는 사랑이다.

곧잘, 남이 이해해 주지 않거나, 돌아오는 이득이 없거나, 해 준 만큼의 관심을 받지 못하면, 그 사람을 위해 무엇을 한다는 것이 고역이 된다. 내가 베푸는 호의에 관심도 없고 감사하지도 않는다면, 굳이 그런 사람에게 호의를 베풀 가치가 있다는 말인가? 좋은 일을 해 주다가도 그것을 당연시 여기거나 감사하지 않는 태도를 보면 당장 그만두고 싶은 심정이 된다.

'그럴 수가 있는가?' '그렇게 배은망덕하다니!' '그런 사람에게 무엇을 해 줄 가치가 있나?' 종종 그런 생각에 빠져든다. 그래서 신앙을 가지고 하는 사역이라면, 하나님을 바라보고 하나님의 뜻에만 순종하며 나아가는 자세가 필요하다. 오직 하나님만이 그러한 긍휼을 베푸실 용의가 있으시다.

하나님의 긍휼은 하나님 자신 안에서 시작하고 거기서부터 불붙는다. 하나님 자신이 사랑이시다. 그분의 아들이 그러하셨던 것처럼, 다만 그분의 긍휼이 흘러가는 통로가 될 뿐이다. 그분의 긍휼이 빛날 수 있도록 그분의 뜻을 순종해 드리자.

사랑하기를 포기하는 것은 부족한 것보다 더 못한 것이다. 배은망덕한 우리 자신에게 홀로 긍휼을 베푸신 그분을 따라, 감사치 않는 자들에게라도 하나님의 긍휼을 베푸는 일에 순종해야 한다. 주께서 '이를 위하여' 우리를 부르셨기 때문이다.

> "그와 같이 대제사장들도 서기관들과 장로들과 함께
> 희롱하여 이르되 그가 남은 구원하였으되
> 자기는 구원할 수 없도다"_ 마 27:41-42

죄인들의 죄 없는 친구

예수께서 '우리에게' 그 무엇도 막을 수 없는 '기쁨'이 되신 이유는 그분이 '죄 없으신 하나님의 아들로서 죄인들의 친구'가 되셨기 때문이다. 마태가 전하는 예수는 '죄인들의 죄 없는 친구'이다. 우리가 죄인 되었을 때에, 죄인임을 거듭 절감할 때에 그분은 우리에게 친구가 되신다.

그런데 그분 자신은 죄가 없으시다. 죄인이 죄인의 친구가 된다면 같이 어두워질 뿐이다. 그러나 거룩한 사람이라도 거룩하지만 죄인들의 친구가 되지 않으면, 그가 죄인들에게 기쁨이 될 리가 없다.

바리새인들은 자신들을 거룩한 의인인 것처럼 생각하고 죄인들을 멀리했다. 죄인들에게는 두려움과 경계의 대상이 되었다. 하지만 실제로는 그들 속에 죄가 가득했다. 그들은 죄인들이면서, 죄인들과 분리된 거룩한 자들로 행세한 것이다.

오늘날 우리의 교회들도 크게 다르지 않다. 세상 사람들의 친구가 되지도 못하면서, 종교적인 행위들로는 스스로 의인인 듯 치부하고, 실제로는 세상보다 더 세상적인 경우가 많다.

회복의 길은 하나이다. 우리 자신에게는 거룩하고 엄격한 경건의 기준을 적용하고, 세상 사람들에 대해서는 관용해야 한다. 그 반대로 가면 위선이고 타락일 것이다. 오늘날 교회는 예수님처럼 '죄인들의 죄 없는 친구'로 행하는가? 우리 주변에는 어떤 사람들이 있는가? 믿는 사람들이 믿는 사람들과만 어울려 다니면, 그것은 소금이 소금통에만 있는 것과 같다. 랜턴(lantern)을 켜서 서랍장에 넣어 두는 것과 같다.

세상 사람들이 허물이 많다 해도, 예수께서는 그들의 친구가 되기를 주저하지 않으셨을 것이다. 그분은 죄인들을 그들에게 붙여진 사회적, 종교적 딱지나 그들이 저지른 허물로만 보지 않으셨다. 하나님의 잃어버려진 자녀로 보셨다. 빈부노소(貧富老少)를 막론하고, 한 인격으로 대하셨다.

오늘날 세상은 교회를 친구로 생각하고 있는가? 그러면서도 세상은, 우리에게는 무언가 그들과는 다른 거룩함, 긍휼, 은혜, 그리고 바르고 정직함, 의로움이 가득하다고 생각하고 있는가? 교회는 세상으로부터 어떤 평판을 듣고 있는가? 교회는 세상 속에서, '죄인들의 죄 없는 친구'이셨던 예수님을 온전히 드러내고 있는가?

"어찌하여 너희 선생은 세리와 죄인들과 함께 잡수시느냐"
— 마 9:11

친구를 위하여

"먼 옛날의 뱃사람을 닮아 볼래 그 사랑을. 나는 처음부터 다 알고 있었지, 거긴 그 무엇도 없다는 것을. 그래 넌 두 눈으로 꼭 봐야만 믿잖아. 기꺼이 함께 가 주지 … 사랑은 바다 건너 피는 꽃이 아니래 … 먼 훗날 그 언젠가 돌아가자고 말하면 너는 웃다고갤 끄덕여 줘. 참 아름다운 한때야. 오 그 노래를 들려주렴. 귓가에 피어날 사랑 노래를."

우연히 듣게 된 대중가요의 노랫말이다. 사랑이란 무엇인가? 그것도, 그리로 가면 결국 아무것도 없고, 남는 건 상처뿐이라는 것을 말해 주어도 듣지 않는 친구를 사랑한다는 것은 무엇인가? 우리는 종종, '사랑은 바다 건너 피는 꽃'처럼 생각하는 경우가 많다. 어딘가 멀리 있는 숭고한 사랑처럼 말이다.

그리스도인이 믿지 않는 직장 동료, 사랑하는 사람, 가족, 또는 그런 이웃을 사랑한다는 것은 어떻게 한다는 것인가? '기꺼이 함께 가 주지.' 참 어려운 말이다. 어떻게 이런 노랫말을 생각해 냈을까? '거긴 그 무엇도 없다는 것'을 처음부터 알고 있었지만, '두 눈으로 꼭 봐야만 믿는' 그 친구를 사랑하기 때문에, 그 먼 길을 함께 가 주는 것, 그것이다. 그래서 사랑은 좋은 우정과도 같다. 진정한 의미에서 우정은, 사랑의 극진한 표현이기 때문이다.

누가복음 15장에서, 아직 살아 있는 아버지에게서 유산을 미리 받아 먼 길을 떠나 허랑방탕했던 둘째 아들을 그저 바라만 보던 그 아버지, 날마다 동네 어귀에 나와 그 아들이 돌아오기를 기다렸던 그 아버지도 그런 마음이었을까. 그 길의 끝에서 사랑하는 아들이 드디어 '이제 돌아가겠다'라고 말하면, 그때 '웃다가 고갤 끄덕여 주는' 그런 친구 같은 아버지. 몸은 항상 동네 어귀에서 기다렸지만, 마음은 그 아들과 함께 그 먼 길을 '기꺼이 함께 가 주었던' 그 아버지의 사랑, 우정 같은 사랑이다.

그리스도인이 세상을 살면서 믿지 않는 친구들, 동료들, 가족들을 어떻게 대해야 할까? 성경을 보면 하나님이 안쓰럽게 느껴질 때가 많다. 그 많은 은혜와 사랑을 퍼붓고도, 말을 듣지 않는 백성, 결국 아프고 상처 나는 길로만 가는 자기 백성의 죄악에 '서서히 그리고 확실하게 말려들어 가는(?)' 하나님을 보게 되기 때문이다.

사랑하기 때문에 버리지 못한다. 택하셨고 사랑하고 뜻이 있기에, 살려야 하기 때문에, 우리를 포기하지 못하는 하나님은, 자꾸 우리의 죄와 실패로 점철된 인생과 역사 가운데 말려들어 오신다. 그것은 우정 같은 사랑 때문이다. 하나님이 어리석거나 부족하시기 때문이 아니다. '기꺼이 함께 가 주시기' 때문이다. 그 어리석고 한없이 부족한 실패의 자리에까지 하나님이 함께 가 주시기 때문이다.

그리고 끝내 우리가 '이제 돌아가야겠다'라고 하면, 거기서, 그 곁에서 그분이 고개 끄덕이시며 손잡아 주시기 때문이다. 그리스도인들은 세상 속에서 '죄인들의 죄 없는 친구'로 살아가게 된다. 그래야 한다. 그분이 죄인인 우리에게 그렇게 하셨고 지금도 그렇게 하시기 때문이다. 그것은 죄인을 '따뜻한 눈'으로 바라보는 마음 없이는 이루어지지 않을 것이다. 그 끝을 알면서도, 친구를 지켜보며, 돌이키는 그 순간까지, 웃으며 함께 가 주는 우정 없이는, 그런 그리스도인이 될 수 없을 것이다.

주님은 우리에게 그런 친구이셨다. 죄인 된 우리가 있는 이 어리석고 한심한 자리에까지, 함께 와 주신 분이셨다. 그리고 대체로 침묵하시는 때가 많으시다. 우리도 이미 느끼고 있는 그 어리석은 일들을 어리석다고 꾸짖으시기보다, 우리의 어리석음이 다할 때까지 오래 참고, 곁에서 기다려 주시는 편이다. 우리는 그런 친구이신 그리스도를 가지고 있다. 우리도 세상에 그런 친구가 되어 주는, 그 먼 길을 걸어야 하지 않을까.

> "사람이 친구를 위하여 자기 목숨을 버리면
> 이보다 더 큰 사랑이 없나니" _ 요 15:13

'몸'과 포스트모더니티

오늘날 세상에는 무슨 일이 일어나고 있는가? 인간이 자신의 '생물학적 성'(sex)을 자신의 취향이나 지향에 따라 '스스로 결정할 수 있다'고 믿는 생각과 풍조가 서구 세계를 점령하고 있다. 유럽뿐 아니라 미국에서도 이런 경향은 이미 완연하다.

사람이 자신의 몸에 대하여 스스로 자신의 성을 결정하고자 할 때, 우리는 그것을 '생물학적 성'과 구분하여 '젠더'(gender)라고 부른다. 원래 '젠더'라는 용어는 문법(grammar)에서 왔다. 그리스어나 독일어, 불어 등에서처럼, 사람만이 아니라 사물에도 '문법적 성(性)'을 부여하여 부르는 사회적, 문화적, 언어적 관습을 유비적으로 차용한 것이다. 예를 들어, 독일어에서 아버지나 달(月)은 남성, 어머니나 태양(日)은 여성, 어린아이나 책은 중성으로 표현하는 경우와 같다.

그러니까 '젠더'란 원래 문법 체계 안에서 사용되는 '성'인데, 한 사회나 문화의 언어 체계나 문법(文法)은 수많은 관습과 해석, 또는 권력 관계의 산물일 수 있다는 언어학 이론을 생각하면 그 의미가 확장될 수 있다. 즉, 한 사회 속에서 살아가는 사람들이 자신의 '젠더'를 자신이 결정한다고 할 때, 그것은 그 사회나 문화의 문법 또는 그 배후의 권력 관계들에 대한 재해석이며 변혁적인 차원을 포함할 수 있게 되기 때문이다.

물론 '생물학적 성'과 '문법적, 해석학적 젠더' 사이에는 쉽게 뛰어넘을 수 없는 간격이 존재한다. 생물학적 성은 문법적 젠더만큼 그렇게 개연적이고 다양하지 않기 때문이다. 반면에 '젠더'의 영역에 들어오면, '성'(性)은 생물학적 고정관념을 떠나 그 대상에 따라 개연적이고 다양해질 수 있다. 그래서 문법적이고 해석학적인 '젠더' 개념을 적용하면, 자신의 육체에 대한 자신의 '해석적 성적 취향이나 지향'에 따라 얼마든지 다양해질 수 있게 된다.

'동성애' 문제를 떠나서, 인간이 자신의 몸에 대하여 스스로 '다양한 성(性)'을 결정할 수 있다는 생각은 성경적으로 낯선 생각이다. 성경에서 인간의 신체는 '주어진 것' 곧 '선물'이다. 인간 자신에게 맡겨져 있지만, 단지 우리가 자율적으로 조작할 수 있는 물질이 아니다. 관계적이고, 우주적이고, 신비적이기까지 한, 물질적이면서도 영적인, 하나님에 의해 창조되었고 그분에 의해 다스려져야 할, 근본적으로 '신성한 매체'(sacred medium)라고 할 수 있다.

한편, 인간이 자신의 몸을 '사회, 문화의 권력 구조의 문법'의 한 고착된 형식으로 보고, 그것을 자율적으로 결정하고자 하는 것은, 어떤 의미에서 '자유와 해방'에 대한 정당한 저항이요 갈구의 표현일 수 있다. 그것은 언어-문법적 구조로 포장되고 유지되는, 그 사회나 문화 속에 고착된 불의한 억압이나 착취 구조에 저항하는 하나의 방식일 수 있기 때문이다.

하지만 주목해야 할 부분은, 그렇게 하는 것이, 단지 사회, 문화 속에 있는 정치 구조나 조직 관계에 관련된 것이 아니라, 이번에는 '인간의 육체 자체를 대상'으로 한다는 사실이다. 이런 경향, 즉, 포스트모던이 특히 '성', 인간의 육체에 몰두하는 것, 다시 말해서, '몸'을 대상으로 자신의 '자율성'을 행사하는 현상은 어디에서 유래한 것일까?

로드 드레허(Rod Dreher)가 핸비(Michael Hanby)의 말을 인용

하며, "성 혁명은 우리가 기술 이데올로기를 인간의 몸에 적용할 때 나타나는 것"(『베네딕트 옵션』, 334)이라 한 것은, 이런 점에서 일말의 통찰력을 제공한다.

그러니까 이런 뜻이다. 계몽주의 이후 서구 근대주의는, 인간의 자율성을 '신격화'하고 동시에 자연을 '비신격화'(de-mythologization)하면서, '단지 물질에 지나지 않는 자연'을 자신의 욕망을 따라 마음껏 개발, 정복, 착취하는 욕망을 정당화시켜 주었다.

신(神)도 자연도 모두 물화(物化)시켜 버린 세계 속에서, 근대의 자율적 이성과 기술은 문명에 유익을 끼치기도 했지만, 한편으로는 제국주의의 탐욕과 손잡고 수많은 식민지와 그 사람들을 수탈해 온 역사를 남겼다. 그것도 '권리와 계몽의 이름으로.'

그런데 흥미로운 것은, 서구 근대주의의 자율적 이성과 기술-이데올로기가 전혀 죽지 않았으며, 단지 '그 대상'을 바꾸었을 가능성이다. 무슨 말인가? 작금의 후기 현대 사회는, 근대주의가 자연환경을 신(神)이 관여할 수 없는, 그 어떤 '성스러운(sacred) 것도 없는 물질세계'로 가두어 놓고, 자신의 자율적 이성과 과학 기술을 수단 삼아 욕심껏 착취한 그 참담한 결과를 똑똑히 목도하고 있다.

근대주의의 종말과 파괴를 상징하는 코로나 팬데믹(pandemic)과 같은 환경적 재앙들은, 어쩌면 앞으로 일어날 전(全) 지구적 환경 파괴로 인한 '신음 소리'의 서곡(prelude)에 불과할지 모른다. 그리고 이제 중요한 문제는, 서구 근대주의가 자연을 물화(物化)시켜 놓고 자율적 이성과 기술-이데올로기로 자행한 그 파괴성이, 이제 후기 현대 사회에서는 '인간의 몸을 향한 해석적, 기술적 자율성'으로 변신했을 가능성에 관한 것이다.

오늘날 서구 근대주의의 폐해를 반성하는 환경 생태학자들은, 근대주의가 자연을 '물화'하고 파괴한 것에 대해, 이제 포스트모더니티는 차라리 자연을 다시 '신화화'(mythologization)해야 한다고까지 주장한다. 자연은 우리가 그렇게 '인간 중심주의'로 생각하고 마음껏 파괴해서는 안 되는 대상이라는 뼈아픈 자각이 생긴 것이다.

그렇다면 그 동일한 뼈아픈 서구 문명의 반성을, 인간의 육체, 인간의 성(性)을 향해 돌려 보면 어떨까? 근대주의의 자율적 이성과 기술이 '자연환경'을 어떻게 지배하고 착취했는지를 참으로 반성한다면, 그 똑같은 근대적 자율적 이성과 첨단 기술이, 이제 후기 현대 사회에서 '인간의 몸'을 향해 그 '자율적으로 해석하고 지배하고 조작하는' 정복을 시작했다는 사실을 간과할 수 있지 않을까?

자연환경을 인간 마음대로 생각하고 지배하는 태도를 버리는 것이 후기 현대주의가 '과거의 패착을 통해 배운' 겸손한 지혜라면, 인간의 육체, 몸, 성이 단지 내 것이어서 그 존재를 인간 마음대로 정의(define)하고 해석하고 지배하는 태도를 버리는 것이야말로, 후기 현대주의가 '현재와 미래를 위해 배워야 할' 겸손하고 현명한 지혜는 아닐까?

성경은 인간의 '몸'을 무어라고 말하는가? '몸'이란, 단지 물질이거나, 정욕 덩어리이거나, 혹은 사회, 문화의 권력 구조의 육체적 표현 정도여서, 우리가 마음대로 정의하고 써먹고 해석하고 조작할 수 있는 무엇인가? 차라리 '몸'이란, 우리에게 주어진 신비한 선물로서, 물질적이면서도 영적이고, 개인적이고도 우주적이고, 관계적이면서도 유비적인, 성스럽고도 신비한 무엇으로, 결코 함부로 할 수 없는 경외감으로 다루어야 할 대상에 가깝지 않을까? "오호라 나는 곤고한 사람이로다 이 사망의 몸에서 누가 나를 건져내랴"(롬 7:24).

"너희 몸은 너희가 하나님께로부터 받은바
너희 가운데 계신 성령의 전인 줄을 알지 못하느냐"_ 고전 6:19

'거리'와 '의리'

말이 '빛과 소금'이지, 실제 생활 속에서 그리스도인으로 산다는 것 자체가 도전이다. 용기와 지혜는 물론, 때로 희생을 각오해야만 하는 일이기 때문이다. 생존의 문제가 달린 직장에서 믿음을 가지고 살아가는 일은 전혀 만만하지 않다.

만일 그리스도인이 이 힘겨운 세상 한복판에서 믿음대로

살 수 있다면, 그것은 '억지스러운 희생'이나 '탁월한 도덕적 자질' 때문은 아닐 것이다. 사실 우리는 먼저 받지 않으면 내놓지 않고, 내놓을 것도 없는 뻔한 인생들이다. 생존이 달린 일터에서, 믿음대로 살라는 하나님의 요구는 전혀 억지스러운 것이 아니다. 하나님은 우리에게 무엇을 요구하시기 전에, 먼저 은혜를 베푸신다. 먼저 은혜를 베푸시지 않고 요구하시는 법은 없다.

하나님께서 우리에게 믿음의 선한 삶을 요구하셨다는 것은, 이미 그것을 순종하고도 남을 만한 이유, 그런 넘치는 은혜를 먼저 주셨다는 것이다. 그 은혜가 무엇인가? 새 하늘과 새 땅이다. 우리는 이미 '더럽지 않고, 썩지 않고, 허무하지 않은' 영원한 나라, 새 하늘과 새 땅을 이미 받았고, 받고 있고, 장차 온전히 받아 누릴 하나님의 자녀들이라는 사실을 잊으면 안 된다(벧전 1:3-4).

그 '더럽지 않은' 나라가 죄의 권세를 이기신 예수 그리스도의 십자가를 통해 이미 이 땅에 임했다. 그 '썩지 않는' 나라는 죽음을 이기시고 부활하신 그의 빈 무덤을 통해 이미 이 세상에 침입해 들어왔다. 그 '쇠하지 않는 영원한' 나라는, 죽으시고 부활하시고 승천하신 주께서 이 땅에 보내 주신 성령으로 거듭난 교회를 통해, 이미, 지금, 여기에서, 시작되고 있는 것이다. 이것이 새 하늘과 새 땅의 살아 있는 소망의 복음이다(벧전 1:3-4).

그러므로 교회는 이 땅에 존재하는 '새 하늘과 새 땅의 통치' 아래서 살아간다. 세상은 이미 지나가고 있다. 사라지고 있다(고전 7:31; 요일 2:17). 교회는 세상에 있지만, 새 하늘과 새 땅을 살아가는 사람들이다. 지금도 그 나라를 누리고 있고, 장차 온전히 누리게 될 것이기 때문이다.

그래서 세상 속의 모든 그리스도인은 세상에서 '나그네와 행인'이다. 동시에 세상 모든 사람들을 하나님과 그의 나라에로 인도하는 '제사장'의 특권과 사명을 받은 '하나님의 종'들이다(벧전 2:11-16). 그러므로 매일 직장에 출근하면서, 문을 열어젖히고 들어갈 때마다, 마음속으로 이렇게 외치라: '오늘도 나는 하나님 나라의 제사장으로 여기에 들어간다. 주님, 오늘도 하나님 앞으로 사람들을 인도하는 선한 행실의 증인이 되게 하옵소서!'

그리고 그렇게 하려면, 세상 사람들 속에서 '죄인들의 친구'이면서 '죄 없는 친구'가 되기를 힘써야 한다. 말이 쉽지, 실제로는 정말 어려운 일이다. 어떻게 정당한 일을 했는데도 나를 괴롭히고, 예수 믿는다는 이유로 고통을 주는 상사와 동료를 미워하지 않는 마음으로 선하게 대할 수 있는가?

그래도 그렇게 해야 한다. 연봉도 승진도 중요하겠지만, 그것은 최선을 다해 일하며 또한 주께 맡겨야 한다. 그리고 하나님께서 우리를 그 삶의 현장으로 보내신 보다 궁극적인 이유를 고민해야 한다. 우리는 그 생존이 달린 일터에서라도 '하나님의 제사장'으로 존재해야 하는 것이다. 어떻게 그렇게 할 수 있는가?

두 가지의 '리'를 지키기를 힘써 보자. 곧, '거리'와 '의리'이다. 그리스도인이 세상과 짝할 수 없다. 그 말은 직장에도 가지 말라는 뜻이 아니다. 가서 남보다 성실하게 일하되, 불의하고 거짓되고 허무한 일에 동참하지 말라는 의미이다. 직장 상사가 신앙 양심에 거스르는 일을 강요하면 어떻게 할 것인가?

상사이기 때문에 복종해야 하는가? 먹고살아야 하기 때문에 할 수 없이 해야 하는가? 진급에 지장이 있기 때문에 따라야 하는가? 남들 다 그렇게 하고 사니까, 그리스도인도 그렇게 해야 하는가? 일단 해 놓고, 나중에 용서받으면 되니까, 그렇게 살아도 되는가? 현실은 너무 어렵고, 믿음대로 살지 못할 이유들은 차고 넘친다.

그럼에도 모든 것을 하나님께 맡기고, 불의한 요구를 해 오는 권력과의 '거리'를 지켜야 한다. 사람과 사람 사이에는 항상 '거리'가 필요하다. 하나님을 부인하는 상사와도 그러하다. 불의를 행하도록 강요하는 그 어떤 사람과도 그러하다. 오래전 다니엘이 그랬던 것처럼, 그리스도인은 세상 한복판에서 갖가지 우상들에게 절하는 사람들과 '거리'를 유지해야만 한다.

내가 세상의 불의한 요구에 순복한다고 해서, 나의 미래가 탄탄대로가 된다는 보장이 없다. 하나님께서 주관하시는 미래에, 나의 얕은 계산을 섞어 넣는 어리석음을 버려야 한다. 하나님을 두려워하면, 다른 모든 쓸데없는 두려움들에서 해방된다. 사람을 두려워하지 말라. 오직, 하나님만을 두려워하라(벧전 1:17; 2:13-17). 거리를 유지하라.

그러나, 죄인들의 '죄 없는' 친구가 되려고 노력하면서도, 여전히 그들의 '친구로' 남아야 한다. '사랑 안에서 참된 것을 말하고 행하라'(엡 4:15)는 원리는 언제나 옳다. 진리를 드러냈다 해도 언제나 사랑 안에서 해야 하고, 사랑 안에 머물러야만 한다. 그래야 진리가 진리로 드러나고 참된 것이 참되게 역사하기 때문이다.

불의한 것을 요구하는 상사 앞에서 '믿음과 선(善)의 거리'를 두면, 불이익과 핍박을 받을 수도 있다. 그것은 감내할 수밖에 없다. 선을 행하다가 고난을 받으면, 하나님을 생각함으로 참아야 한다. 하나님도 당신과 같은 마음이시고, 의인으로서 죄인들을 위해 고난을 받으신 예수 그리스도께서도 같은 마음으로 이 세상을 지나가셨다.

그것이 세상 한복판을 지나 하나님 보좌 앞에 이르도록, 의인으로서 죄인들을 대신하여 고난을 받으며 끝내 그들을 하나님 앞으로 인도하는 길, 곧 주께서 먼저 가신 그 십자가와 부활, 승천의 길이다(벧전 2:16-22). 그리고 그것이 바로, 교회가 세상과 선한 양심으로 소통하며, 더 나아가서 선을 뛰어넘는 선, 곧 '은혜'를 드러내며 살아 내야 하는 제사장의 삶이다.

그러므로 직장에서든 어디에서든, 믿음의 이유로, 선을 행하다가 핍박을 받거든, 그렇게 핍박한 사람을 저주하지 말고 축복해야 한다. 축복할 수 없다면, 그를 위한 기도라도 시작해야 한다. 하나님은 그런 사람이라도 사랑하시기 때문이다. 돌이켜 하나님께로 돌아오기를 바라시기 때문이다. 그래서 당신이 제사장의 역할을 계속해야 한다.

만일 당신을 핍박한 그 사람이 어려움에 처하거든, 그에게 가장 먼저 달려가는 사람이 되어야 한다. 가서 곁에 있어 주고, 허물을 덮어 주고, 위로와 격려가 되어 주어야 한다. 그것이 '의리'이다. 그것이 사랑이다. 그것이 죄인인 당신에게 베풀어 주셨던 그분의 사랑이다. 교회는 단지 옳고 그른 것을 뛰어넘는 그 은혜를 세상으로 흘려 보내야 한다.

결국 그리스도인이 세상에서 '하나님 나라의 제사장'으로 살려면, '죄인들의 죄 없는 친구'로 살아야 한다. 그것은 그들과 '거리'를 유지하는 것과 '의리'를 지키는 것, 이 두 '리'를 함께 실행하는 것으로도 이루어진다.

주님은 우리의 죄를 간과하신 적이 없다. 자신의 거룩과 우리의 죄악 사이의 '거리'를 유지하셨다. 그러고도 우리를 위하여 죽어 주시기까지 '의리'를 지켜 주셨다. 그것이 의로운 자로서 불의한 자를 위해 고난을 당함으로써, 그들을 하나님께로 인도하는 제사장의 삶이다. '참된 은혜'(벧전 5:12)를 받은 그리스도인들이 세상 한복판에서 걸어가야 하는 길이다.

> "그리스도께서도 단번에 죄를 위하여 죽으사 의인으로서
> 불의한 자를 대신하셨으니
> 이는 우리를 하나님 앞으로 인도하려 하심이라" _ 벧전 3:18

기도 중에 오는 응답

피할 길이 없다

오늘날 그리스도인들의 삶 속에서 가장 부패한 것이 무엇일까? 오늘날 예수 그리스도의 교회 안에서 가장 부패한 것이 무엇일까? 교회는 많은 영역들에서 소금의 짠맛을 잃었다. 하지만 야고보서는 가장 치명적인 부패를 '말'에서 찾는다. 뱀에게 물려 치명적인 독이 온몸에 퍼지는 것처럼, 신자들의 부패한 '말'은 그 부패한 심령에서 나오는 독을 온 삶의 영역으로 급속히 퍼지게 한다.

오늘날 당신과 내가 최우선적으로 회복해야 하는 것은 그래서 '말'이다. 그리스도인은 정직하며 약속을 지키는 사람들이라는 평판을 회복해야 한다. 진실한 말과 진실한 삶을 회복해야 한다. 모든 악은 거짓이라는 그늘 속에서 독버섯처럼 자란다. 거짓을 거두면 빛이 들어간다. 거짓의 장막을 거두어 버리면 더 이상 어둠과 부패의 곰팡이가 자랄 수 없게 된다. 거짓을 버려야 한다. 말을 삶과 분리시키는 것, 그것이 거짓이다.

야고보는 이 분리를 용서하지 못한다. 우리도 용서해서는 안 된다. 예수님도 말씀하신 바를 그대로 사셨다. 이 분리를 회복하기 위해 전심으로 싸워야 한다. 이것을 명확히 하자. 우리의 믿음은 꼭 우리의 행함만큼이다. 우리의 삶이 거짓말로 가득하고 지켜지지 않은 약속들로 뒤범벅되어 있다면, 어쩔 수 없이 그것은 곧 우리의 믿음이 알고 있는 하나님의 신실하심의 크기이다.

만일 우리의 삶이 자린고비처럼 인색하다면 그것은 우리의 믿음이 누리는 하나님의 자비의 크기이다. 우리의 삶이 세상 욕심에 붙들려 더럽고 추악하다면, 그것은 곧 우리의 믿음이 누리는 영적 자유의 높이이며, 그 삶이 세속적이고 헛된 자랑으로 가득하다면 그것 역시 그 믿음이 받은 영광의 크기를 증명한다.

참으로, 우리의 삶이 원수 맺음과 복수심, 다툼과 분란으로 가득하다면, 그것이 정확히 우리의 믿음이 누리고 있는 그리스도의 긍휼과 용서의 깊이이다. 우리의 삶이 곧 우리의 믿음이다. 피할 길이 없다. 행함이 곧 믿음이다.

"나는 행함으로 내 믿음을 네게 보이리라"_ 약 2:18

회개

회개는 일방적인 통보가 아니다. 나는 잘못했고 잘못을 고백하고 있으니 이제 용서하라는 일방적인 요구가 아니다.

회개는 함께 우는 것이다. 그분과 함께 울고 그분과 함께 슬퍼하는 것이다. 나의 이런 실패한 모습을 원하지 않으신 그분을 따라 함께 슬퍼하고 함께 고통당하는 것이다.

회개는 관계에서 온다. 사귐에서 온다. 먼저 우리를 사랑하신 그분과, 그래서 그분을 사랑하게 된 우리가 함께 사귀는 사귐 안에서 슬퍼하고 통회하는 것이다.

그분과 묶여 있는 우리의 양심과, 그분의 사랑에 얽혀 있는 우리의 사랑이, 함께 아파하는 것이다. 함께 거하시는 성령님을 근심하게 한 것과, 우리 안에 두신 말씀을 외면한 것에 대한 그분의 아픔에 우리가 참여하는 것이다.

그분이 고통스러워하시는 것에 내가 동참하는 것, 그것이 회개이다. 거기서 그분은, 이미 우리를 위해 흘리셨던 그분의 피와 사랑을 다시 새롭게 일으키신다. 그분의 의와 거룩과 지혜와 구원을, 이미 주신 그 은혜를 새롭게 부으시고 장차 더욱 온전하게 하실 것을 약속하며 위로하신다.

참된 회개에서는, 죄인이 먼저 일어나는 법이 없다. 우리의 아픔과 슬픔, 자복과 통회함으로 위로받으신 그분께서 일으키시는 회복이 있을 뿐이다. 회개는 그래서 나 자신의 돌이킴이고, 또한 나를 향하신 그분의 돌이키심이다.

회개는 그 거룩하고 따뜻하고 영원한 사귐이 회복되는 것이며, 그 사귐 안에서 그분과 우리가 함께 서로를 향해 다시 돌아서고 만나 손잡는 새로운 시작이다.

충분히 사과하고, 충분히 슬퍼하고, 당신의 죄에 대한 그분의 슬픔에 충분히 공감하고, 그분과 함께 울라. 그분이 돌이키셔야 우리의 회개는 비로소 그분의 품 안에 이른다.

"만일 우리가 우리 죄를 자백하면"_ 요일 1:9

자유하게 하는 말

듣기 좋은 말인데 망하게 하는 말이 있다. 다 맞는 말인 것 같은데, 욕심내어 싸우고 분내고 다투는 정욕을 부추기는 말이 있다. 내용은 조목조목 다 그럴 듯한데, 다 듣고도 하나님을 더 사랑하고 싶거나 이웃을 더 사랑하고 싶어지기보다는, 내 욕심을 더 차려야 될 것 같은 생각을 불러일으키는 말들이 있다.

그런 말들은 처음부터 끝까지 성경을 인용하고 화려한 신학적 용어들로 가득 채웠어도, 하나님께로부터 오는 말이 아닐 수 있다. 유명한 설교자가 하는, 그래서 많은 사람들이 듣는 설교인데, 그 설교를 다 듣고 나면 세상에 대해 더 탐욕을 부려야 할 것 같고 점점 더 이기적이 될 것 같은 마음이 든다면, 그런 설교는 성경을 해석한다고 했지만 하나님께로부터 오는 것이 아닐 수 있다.

그래서 말을 듣기보다, 그 말이 동반하고 또한 불러일으키는 영적 정서나 결과에 주목할 때, 그 말의 동기나 그 말이 머물렀다가 나오는 영적인 출처를 분별하게 된다. 교회 안에서나 밖에서나 분쟁의 상황인 경우, 단지 논리나 합리나 조목조목 따지는 것만으로는 문제가 해결되지 않는 수가 많다.

처음부터 이기적이고 탐욕스러워서 싸우자고 맘먹고 하는 말은, 비록 아무리 정연한 논리로 전개되어도 그 분란한 영적 정서를 동반하고 또한 그런 결과를 내는 쪽으로 흐르기 마련이다.

또한 말을 잘하거나 잘 이해하는 지적 능력과, 영적 정서를 분별하는 능력은 서로 다른 것이다. 그래서 지적으로 뛰어난 사람이 종종 이단 사설에 넘어간다. 그래서 그 많은 교회들이 박사 학위를 기준으로 목회자를 선택했다가, 교회가 영적으로 고갈되거나 어려움을 당하는 시험에 들기도 한다.

말이 논리 정연하고 또한 영적 정서가 덕스럽다면 더 바랄 것이 없겠지만, 말이 정연해도 영적 정서가 거룩하지도 덕스럽지도 않다면, 그런 말은 아무리 신학적이고 아무리 신앙적으로 들려도 의심해야 한다.

반면에 말은 어눌하게 들려도, 그 말이 동반하는 영적 정서가 진실하고 깊고 깨끗하고 또한 거룩해서, 사람으로 하여금 세상으로부터 하나님께로 돌이키게 하고 거룩과 사랑으로 나아가게 하는 힘을 더하는 그런 말일 수 있다. 그러므로 말을 듣고 또 할 때, 영적 정서에 집중하여 그 말을 분별하는 능력을 길러야 한다.

그 말들은 과연 어떤 동기에서 나오는가? 아니, 내가 이 말을 할 때, 나는 그 말들을 얼마나 하나님의 존전에서 깨끗하게 씻고 그분의 은혜와 진실함의 풀무에 넣었다가 꺼냈는가? 선지자 이사야는 주의 제단 숯불에 데인 입으로 말을 했다(사 6:1-8). 그런 것이다.

사람의 말은 나오기 전에 먼저 그 사람의 마음에 담겨 있다. 그 마음은 하나님의 존전에 머물다가 나와야 한다. 하나님의 뜨거운 말씀의 풀무, 그분의 거룩하고 따뜻한 성령의 품속에, 그 은혜와 진리의 생명수에 충분히 젖어 있다가 나와야 한다. 그래야 그 말이 동반하는 영적 정서가 하나님의 것이 될 수 있다.

말은 전달하는 수단이다. 그 말하는 내용뿐 아니라, 그 말이 나온 출처, 그 말이 창조되고 머물다가 걸어 나온 그 숨겨진 세상의 향기를 전달한다. 그것이 하늘의 것이면 하늘의 향기가 나고, 그것이 지옥의 것이면 지옥의 불길을 일으킬 것이다.

그래서 말만 보지 말고 그 말이 동반하는 영적 정서에 주목해야 한다. 그래야 속지 않고, 그래야 분별한다. 그러므로 성도들의 말은, 오랫동안 주의 품 안에 머물다가 나온 말들이어야 한다. 거기에 오래 머물라. 위로부터 주어지는 하늘의 지혜의 이슬에 충분히 젖어 있다가 나와야 한다.

은혜 주실 때 서둘러 일어나지 말라. 그분의 은혜와 긍휼, 진실함과 깨끗함, 그 신실함과 온유하신 품 안에 충분히 머물라. 마치 퍼석한 메주가 발효되어 구수한 된장이 되듯이, 마른 고춧가루가 충분히 숙성하여 맛깔 나는 고추장이 되듯이, 충분히 하나님 나라의 풍미(風味)가 배어든, 그 천국의 맛을 보게 하는 그런 말들을 들고 나오라. 그런 말을 들을 때, 아, 우리는 얼마나 자유하게 되는가!

"오직 위로부터 난 지혜는 첫째 성결하고 다음에 화평하고
관용하고 양순하며 긍휼과 선한 열매가 가득하고
편견과 거짓이 없나니"_ 약 3:17

너의 어둠을 밟으며

날마다 가르쳐 주신다. 부족해도 가르쳐 주신다. 더럽고 추해도 가르쳐 주신다. 어리석어도 빛을 비추신다.

말씀의 빛 가운데 서면, 그 빛 안에서 있는 그대로 그 말씀의 중심으로 걸어 들어가면, 거기서 그분은 그 긍휼의 빛, 거

룩한 진리의 빛으로, 따듯하게 죄인을 맞으신다. 비추시고 밝히시고 싸매신다.

얼마든지 가르쳐 주신다. 한 걸음씩, 한 발자국씩, 너의 어둠을 밟으며 그분께로 가라. 말씀의 등불을 켜고 울며, 그 어둠 속을 가라. 조금씩 조금씩, 어두워도, 조금씩 그 빛을 따라 가라. 그분이 비추신다.

그분이 가르쳐 주신다. 얼마든지 그분의 풍성함을 부어 주신다. 그분은 빛이시다. 그분은 사랑이시다.

"그가 빛 가운데 계신 것같이 우리도 빛 가운데 행하면" _ 요일 1:7

기도 중에 오는 응답

세상이 주는 시험의 목적은 당신을 하나님에게서 멀어지게 하여 떼어 놓는 데에 있다. 시험을 당하는가? 생각을 멈추라. 무조건 기도를 시작해야 한다. 다른 어느 곳에서처럼 당신의 생각 속에도 답이 없다. 하나님께 토해 내야 한다.

관건은 지속적으로 하나님께 묻고 듣고 대답하고, 또 묻고 듣고 대답하기를 반복하는 일이다. 상대가 하나님이어야 한다. 욥처럼 끝까지 하나님께 물으라. 그분을 기다리라. 지금 당신이 당하는 문제 속 깊이 하나님이 들어오시게 하라.

사실, 간구하는 내용을 얻는 것이 응답이라기보다는, 간구하는 동안 당신의 심령이 치유받는 그것이 진정한 응답이다. 기도의 응답은 기도의 끝에 오는 것이 아니라 실로 기도 중에 온다.

"보라 인내하는 자를 우리가 복되다 하나니"_ 약 5:11

과정은 시시각각 그 결과를 돌려준다

세상은 결과를 중시한다. 때로는 결과만을 본다. 하지만 과정이 치명적으로 중요한 경우가 있다. '성장'의 경우이다. 생명이 성장한다든지, 인격이 성숙해진다든지, 성품이 온전해진다든지 하는 경우에는, 과정이 결과보다 더 중요한 의미를 갖는다. 실패해도 성장할 수 있고, 성숙해질 수 있고, 온전해질 수 있기 때문이다.

그것보다 과정이 더 의미가 있는 경우도 있다. '사귐'의 경우이다. 사랑하는 연인이 아침에 만나 온종일 돌아다니며 데이트를 했다. 결과가 무엇인가? 남자가 여자를 집에 바래다 준 것이다. 원점이다. 아침에 집을 나갔고, 밤에 각자의 집으로 돌아온 것이다. 하지만 두 사람은 결과로는 측정이 불가능한 사귐의 시간을 가졌다. 그 사귐을 통해 두 사람이 나눈 사랑은 함께 보낸 시간의 열매로 남는 것이다.

　하나님과의 코이노니아 역시 사귐으로서, 결과보다는 과정이 더 큰 의미를 갖는 경우이다. 하나님을 앎으로써 생기는 무슨 결과나 열매가 있다면, 그것은 전적으로 그분과의 '사귐을 통해서' 얻어진다. 혼자서는 얻을 수 없는 사귐의 열매에는 그래서 '사귐의 과정'이 중요해진다.

　이런 경우와 유사하다. 학교 앞에는 원룸들이 있다. 여름 방학을 보내고, 다시 가을 학기를 시작할 때 학생들이 방 청소를 한다. 장마철에 눅눅해지고 곰팡이까지 생긴 이불을 들고 나온다. 그리고 쨍쨍한 가을볕에 널어놓는다. 만일 그렇게 들고 나와 빨랫줄에 널어놓자마자 금방 다시 걷어가 버린다면, 그 눅눅함과 곰팡이가 없어질 수 있을까? 그럴 수 없을 것이다. '햇볕 아래 한참을' 널어놓아야만 한다.

　그런 과정이 곧 결과를 가져온다. 이렇게도 생각해 보자. 밖에 비가 온다. 시원하게 주룩주룩 내리고 있다. 방에 있다가 비를 맞으러 밖으로 나간다. 하지만 앞마당에 잠깐 나갔다가 금방 뛰어 들어오면 비에 젖겠는가? 그럴 수 없을 것이다. 비에 흠뻑 젖으려면, 비 내리는 그 한가운데 '한동안 서 있어야' 한다. 빗속에 서 있는 만큼 젖게 될 것이다.

　햇빛에 나가 몸을 덥히는 경우도 마찬가지이다. 어렸을 때 마을 공터에서 친구들과 구슬 놀이를 하곤 했다. 한겨울에 그늘진 곳에서 오래 놀다 보면, 몸이 떨릴 만큼 추워진다. 그러면 모두 햇살이 비치는 쪽 담벼락으로 몰려가, 햇살이 덥혀 놓은 담벼락에 늘어서 몸을 붙여 기대어 있곤 했다. 겨울 햇살은 의외로 강렬해서 담벼락은 이미 따스한 온기를 품고 있다. '한참을 그렇게 하고 있으면' 몸이 조금씩 풀어진다.

하나님과의 사귐도 이와 같다. 그 사귐 가운데 '머무는 만큼' 따뜻해진다. 어둠 속을 돌아다니느라 차가워지고 더럽혀지고 메말랐던 우리의 심령은, 그분의 거룩하고 뜨거운 긍휼의 빛 안에 거하는 그만큼 따뜻해지고 깨끗해지고 풍성해진다. 어둠은 물러가고, 죄와 불의의 곰팡이는 말라 죽는다. 그분의 말씀과 성령의 품에 안겨 그 사랑의 사귐 안에 머무는 동안, 우리는 생명수에 흠뻑 젖게 된다.

사귐의 비밀은 그 과정에 있다. 과정은 시시각각 그 결과를 돌려준다. 그분과의 사귐 안에 머물라. 머무는 만큼 채워진다.

"저 장미꽃 위에 이슬 아직 맺혀 있는 그때에
귀에 은은히 소리 들리니 주 음성 분명하다.
주가 나와 동행을 하면서 나를 친구 삼으셨네.
우리 서로 받은 그 기쁨은 알 사람이 없도다."

"우리가 서로 사귐이 있고"_ 요일 1:7

선택

선택은 언제나 어렵다. 이리로 갈 것인가, 저리로 갈 것인가? 이 사람인가, 저 사람인가? 이때인가, 저 때인가? 어떻게 결정하지?

먼저, 동기를 살피라. 마음의 동기를. 기도할 때 간구 제목에만 매달리지 말고, 그 간구를 하는 내 중심이 정직한가, 하나님 보시기에 깨끗한가, 그 동기를 살피라. 정직하고 진실한, 기록된 말씀에 비추어 보라. 이상 없으면, 바른 선택이다.

다음, 목적을 살피라. 그 목적이 하나님의 영광에 진정으로 기여하는지, 교회와 이웃에 덕이 되는지, 두 갈래 길이 있다면 어느 쪽이 더 덕이 되는지. 어느 쪽이 수단이고 어느 쪽이 목적인지, 어느 쪽이 남의 길이고 어느 쪽이 내 길인지, 나를 부르신 부르심에 맞는, 나를 부르신 자를 기쁘시게 하는 그 길을 택하라.

이제, 자신을 위해 기도하라. 순결한 동기를 지켜 내도록. 숭고한 목적을 다 이루도록. 편한 것만 하려 들지 말고, 옳은 것을 위해, 궁극적인 것을 위해 모든 것을 다 걸고 전력 질주할 수 있도록. 쉬운 길이 아니라 좁고 협착하고 사람들이 찾지 않는 길이라도 옳은 길, 생명의 길이면 주저 없이 택하여 주님을 따라갈 수 있도록.

버릴 것을 다 버리고 잡을 것만 잡고 갈 수 있도록, 주님만

붙들고 따라갈 수 있도록 간절히 기도하라. 평강을 주시도록, 자유와 기쁨과 능력과 헌신을, 열매를 주시도록 간절히 기도하라. 그리고 일어나 택한 길을 가라.

> "하나님이여 나를 살피사 내 마음을 아시며
> 나를 시험하사 내 뜻을 아옵소서" _ 시 139:23

낯설어야 하는 것과 익숙해야 하는 것

낯설어야 하는 것과 익숙해야 하는 것

베드로전서에는 '낯설다'(개역개정: '이상하다')는 개념이 자주 나온다. 외국인도 낯설고, 여행자도 낯설다. 원주민만 사는 마을에 여행객들이 지나가면 낯설다. 주민들도 낯설어하고, 지나가는 여행자들도 낯설어한다. 그리스도인은 세상에 대해 이렇게 낯설어야 마땅하고, 세상도 그리스도인을 낯설어해야 마땅하다. 그게 정상이다.

하지만 현실은 그렇지 않다. 그리스도인은 세상에서 무엇을 낯설어해야 하고, 무엇에 익숙해야 하는지 선뜻 분별하기를 어려워한다. 그래서 말씀과 그 말씀에 근거한 지혜가 절대적으로 필요하다. 기독교 신앙은 일련의 규율들을 행하는 종교 생활이 아니다. 그래서 우리의 믿음은 매번 깨어 있어야 하고, 동시에 우리가 분별해야 하는 그 문제를 부지런히 살펴보아야만 한다.

확실히, '거룩함과 깨끗함'에 있어서 그리스도인들은 세상에서 '낯선 사람들'로 남아 있을 필요가 충분하다. 그러지 않을 수 없기 때문이기도 하지만, 적극적으로 그래야 하기도 한다. 모두가 다 그렇게 한다는 이유로, 그것이 유행이라는 이유로, 오히려 그렇게 하지 않으면 따돌림을 당한다는 이유로, 성도의 거룩함과 깨끗함을 포기해서는 안 된다.

기독교 신앙이 '오직 하나님, 오직 예수 그리스도만'을 고집하는 이유는, 바로 그 하나님 아버지와 그 아들 예수 그리스도께서, 모든 '진리와 생명, 그리고 사랑의 삶'을 견고하게 붙드시고 필연적으로 명령하시기 때문이다. 낯설어져야 할 일에는 낯설어져야 한다. 세상이 뭐라 하든, 그리스도인은 정직해야 한다. 손해를 보아도 거짓을 버려야 한다.

그렇게 하면 세상 사람들이 이상하게 보더라도, 세속적인 더러운 것과 썩어지는 것과 허무한 일들에 참여하지 말아야 한다. 대신, 순전하고 정직하고 용서하고 악을 악으로 갚지 않는 일에 익숙해야 한다. 그렇게 하면 바보요, 짓밟힐 뿐이고, 무시당할 뿐일지라도, 그렇게 낯설게 여김을 당해도 그렇게 해야 한다.

낯설어야 할 일에 낯설어하고, 익숙해야 할 일에 익숙해야 한다. 그것이 그리스도'인'이다. 세상도 당신을 낯설어하지 않고, 당신도 세상이 전혀 낯설지 않다면, 그것은 무엇이 잘못되었다는 신호이다. 새 하늘과 새 땅을 유업으로 받고, 그 하나님 나라를 향해 여행길을 지나가는 그리스도인이 세상이 더 이상 낯설지 않다면, 정상이 아니기 때문이다.

선(善)한 일들로 세상 사람들의 인정을 받는 일 외에, 세상의 더러움과 썩어짐과 허무함에 끝까지 적응을 못 하는 그리스도인이 되어야 한다. 깨끗함과 생명과 영원한 사랑에 익숙한 그리스도인들이라야, 장차 그들이 들어갈 새 하늘과 새 땅이 전혀 낯설지 않게 될 것이기 때문이다.

이 땅을 지나가는 그리스도들로서, 장차 그리스도께서 우리를 낯설게 여기지 않으시면 그것으로 족하다. 그날에 주께서 '나는 너를 모른다' 하시지 않으면 그것이 전부이다. 이 땅에서 그분과 그분의 말씀을 부인하면, 그날에 그분께서 그분의 나라를 영광 중에 가져오실 때, 그분도 당신을 낯설어할 것이다. 누구를 낯설게 여기며 누구를 익숙하게 여길 것인가?

> "사랑하는 자들아 너희를 연단하려고 오는 불 시험을 이상한 일 당하는 것같이 이상히 여기지 말고"_ 벧전 4:12

제대로, 철저히 계산하라

세상에서 장사를 하고 일을 해서 돈을 버는 목적은 결국 이익을 남기는 것이다. 그것은 거래이다. 투자를 해서 거두고 얻는 것이 투자한 것에 비해 훨씬 크고 좋은 것이어야 거래를 잘한 것이고 장사를 잘한 것이다. 믿는 사람들도 세상에서 일하고 거래한다. 땀을 흘리고 투자를 하고, 이리저리 뛰어다니며 이익을 얻고자 한다. 열심히 해야 할 일이다.

성경은 우리가 믿는 사람들이기 때문에, 믿지 않는 사람들에 비해 이런 투자와 소득을 거두는 일에 있어서 손해 보며 살라고 하지 않는다. 오히려 더 악착같이 더 철저하게 한번 계산해 보라고 한다. 무엇을 주고 무엇을 얻을 것인가. 무엇을 투자하고 얼마만큼의 이익을 볼 것인가. 그리스도인은 계산이 철저한 사람이다. 당신이 예수를 믿는다고 해서, 모든 것을 손해 볼 필요는 없다.

생각해 보라. 만일 어떤 작거나 혹은 큰 이익을 얻겠다고 하나님 앞에서 정직함을 팔아 버렸다면, 당신은 그렇게 탐이 나던 일순간의 이익을 얻었을지는 몰라도 하나님의 신뢰는 잃게 된다. 무엇이 더 큰가? 혹시, 하나님 앞에서 손해 보는 것은 종말에나 있을 일이라 신경 쓰지 않겠다고 할지 모른다. 그런데 곧 끝난다. 이 땅에서 부정직하게 사는 것이 자기 뜻대로 되는 것 같아도 얼마 가지 않는다.

또한 우리는 눈 깜짝할 사이에 하나님 앞에 서게 된다. 그런 불의가 이 땅에서 드러나면 잃는 것이 어느 정도뿐이겠지만, 하나님 앞에서 드러나면 다시 회복할 기회도 없다. 작은 이익을 얻겠다고 정직과 바꾸면, 그것은 그래서 너무나 손해나는 장사이다. 작은 이익을 버리고 정직을 사는 것이 훨씬 경제적이다. 더 이익이다. 하나님 앞에서 그리고 이 땅에서도 이익이다.

긍휼의 문제도 마찬가지이다. 긍휼은 정의의 기초이다. 긍휼하면 잔인할 수 없다. 상대방에게 마땅한 것을 돌려주지 않을 수 없기 때문이다. 긍휼을 희생하고 이익을 얻는 것은, 하나님 앞에서 긍휼 없는 심판을 쌓는 일이 된다. 긍휼을 희생하고 그 대가로 사치와 방탕을 얻는다면, 그렇게 쓰는 부(富)는 그에게 치명적인 독이 된다.

정글의 사자조차 자기가 잡은 먹이라고 해서 다 먹지는 않는다. 들판에서 추수를 해도, 떨어진 이삭들을 다 줍지는 않는 법이다. 약속한 것은 상황이 불리해져도 반드시 지켜야 한다. 가난하고 궁핍한 자에게 주는 것은 곧 하나님에게 빌려주고 넘치게 돌려받는 확실한 투자이다.

관건은 우리 신앙의 주 되신 하나님이 정말 세상의 주인도 되시는가에 대한 당신의 대답이다. 불편하겠지만, 하나님께서 '여전히' 이 세상의 주인도 되신다면 계산을 다시 해야 한다. 분명히, 성경은 사업하고 소득을 얻고자 일하는 당신에게 단지 이익을 희생하라고 가르치지 않는다. 정말 남는 장사를 하라고 권면한다. 온 세상을 얻어도 자기 목숨을 잃으면 아무 이익이 없다고 분명히 일러 준다.

더 철저히 이익을 남기는 법을 생각해 보라. 당신은 일터에서 하나님을 잊을 수 없고, 정직을 버릴 수 없고, 긍휼을 행하지 않을 수 없다. 그 길이 투자 대비 가장 큰 이익을 남기는 길이기 때문이다. 사람이 이익을 남기는 법을 알고도 행하지 않으면, 망하는 길밖에 없다.

"너희가 도리어 말하기를 주의 뜻이면 우리가 살기도 하고
이것이나 저것을 하리라 할 것이거늘"_ 약 4:15

해야 하는 출발

자녀는 부모를 떠나야 하고 부모는 자녀를 떠나보내야 한다. 부모가 자녀를 떠나보내지 못해도, 자녀는 부모를 떠나야 한다. 일평생을 부모의 짐을 지고 부모의 그늘에서 벗어나지 못하는 젊은이들도 있다.

한 번도 자신의 인생, 자기 자신을 자신의 것으로, 선물로 받지 못하고 과거의 그늘에서 나오지 못하는 젊은이들. 부모는 부모의 인생대로 그대로 두어야 한다. 그들도 최선을 다 했으므로 그대로 두고 너는 떠나라.

하나님은 아브라함에게 "너는 너의 고향과 친척과 아버지의 집을 떠나 내가 네게 보여 줄 땅으로 가라"(창 12:1)라고 하셨다. 어디로요? 지금 그 목적지가 다 알려지지는 않았다. 그저 '내가 네게 보여 줄 땅'이다.

뭘 믿고 가는데요? '내가 너와 함께한다. 너로 여러 민족의 아버지, 어머니가 되게 하겠다'는 약속을 붙잡을 뿐이다. 그 미래의 약속이 오늘의 나를 만들게 하는 것, 그것이 신앙이다. 본토 친척 아비의 집의 그늘, 그 과거가 나를 규정하고 만들지 않게 하는 것, 그것이 신앙이다.

신앙이란 말씀이 나를 만들어 가게 하는 것이다. 과거가 나를 만들지 못하게 저항하는 것이다. 세상이, 조건이, 환경이 나를 만들지 못하게 하는 것, 하늘에서 오는 말씀, 미래에서 오는 말씀, 그분에게서 오는 말씀, 기록된 약속의 말씀이 나와 나의 오늘과 미래를 만들어 가게 하는 것, 그것이 신앙이다.

청년아, 네 고향과 친척과 아버지의 집을 떠나라. 하나님과 손잡고 떠나라. 그분이면 충분하다. 아무것도 없지만, 그분이 있으면 모든 것이 있는 것이다.

새롭게 가라. 과거를 살지 말고, 부모의 인생을 살지 말고, 너는 주와 함께 새 땅으로 가라. 가서 너를 만나고, 너를 향하신 그분의 뜻을 찾으라. 이제 출발이다. 출발!

"사람이 그 부모를 떠나서 아내에게 합하여

그 둘이 한 몸이 될지니라"_ 마 19:5

삯이 소리 지르며

왜 노동자가 받아야 할 월급이 소리를 질러야 했을까? 왜 일을 한 노동자가 통곡해야 했을까?(약 5:4) 그 삯이, 그 일을 한 노동자의 손에 돌아가지 않고, 다른 이들의 지갑 속에 들어갔기 때문이다. 호소할 데가 있었다면, 그들이나, 그들이 받아야 할 그 삯이 소리 지를 일이 없었을 것이다.

1세기에 팔레스타인이나 로마에는 근로 기준법이 없었다. 가난한 일꾼이 불이익을 당했을 때 호소할 사법 체계가 없었다. 공정한 재판을 해야 하는 법정은 대지주들이나 권력을 가진 자들의 친구였고, 그들과 한통속이었기 때문이다.

하지만, 호소할 데 없는 약한 자들의 애통한 부르짖음이, 부자들의 곳간에 갇힌 그들의 임금(賃金)이 외치는 소리가, 자식을 잃고, 어미를 잃고, 청춘을 잃고, 삶을 잃고, 가족을 잃고도 호소할 곳 없는, 수많은 이들의 울부짖음이, 기어코 만군의 여호와의 귀에 '이미 들어갔다!'(예언적 완료형)

이것이 신약 교회가 당시의 가난한 자들, 의지할 곳 없던 백성에게 주었던 확신이고 소망이고, 간절한 간구였다. 살아 계신 하나님, 그가 심판주이시며, 그가 만군(萬軍)의 여호와

이며, 공의와 권능으로 모든 것을 판단하시는 분이기 때문이다.

"이 땅에서 공의로운 판단을 받지 못한 모든 이들의 울부짖음을, 선하신 재판장이시여, 속히, 신원(伸寃)하여 주소서." 이것이 신약 교회의 기도였다. 죄 없이도 십자가에서 죽임당하신, 그들의 주 예수 그리스도를 믿는, 신약 교회의 간절한 간구였다.

무엇보다, 죄 없으신 그 아들을 십자가에 처형한 세상의 불의한 법정을 사흘 만에 뒤엎어 버리신, 하늘의 법정 그 보좌에 앉아 계신 심판주께 올리는 확신에 찬 기도였다.

> "보라 너희 밭에서 추수한 품꾼에게 주지 아니한 삯이
> 소리 지르며 그 추수한 자의 우는 소리가
> 만군의 주의 귀에 들렸느니라"_ 약 5:4

성경적인 '갑과 을'의 원리

누가 갑이고 누가 을인가? 하나님이 갑이시다. 나머지는 다 을이다. 온 교회의 담임 목사님도 한 분 예수님뿐이다. 나머지는 모두 부사역자들이다. 목자장은 한 분 예수님이시다. 나머지는 모두 부름받은 목자들이다. 그러므로 갑이신 주님

을 존귀히 여김으로 서로 협력해야만 한다. 당신이 갑이 아니기 때문이다.

갑'질'하지 말라. 주님이 갑이시다. 당신은 '을'도 아니다. 을'짓'하지 말라. 어깨를 펴라. 당당하라. 오직 주님을 위해 일하라. 오직 주님을 위하여, 주께서 세우신 권위와 질서에 순복하라. 오직 한 분 '갑'이신 주님을 사랑함으로, 사람 앞에서 행하지 말고 그분 앞에서 언제나 자신의 목숨을 내주듯 최선을 다하라.

명심하기 바란다. 당신은 영원히 '갑'이 아니다. '갑'이신 하나님을 두려워하고 그분에게 순복하는 마음으로 동역자들을 대하여야 한다. 당신이 양 무리가 제 소유인 양 사악한 꼴로 갑'질'을 하면, 당신의 참된 '갑'이신 그분께서 당신이 행한 그대로 갚아 주실 것이다. 당신을 부르신 그분을 두려워함으로 당신과 더불어 일하는 동역자들도 존귀하게 대해야 한다.

하나님만이 갑이 되신다는 원리는 회사나 사업장에서도 마찬가지이다. 당신이 속한 회사의 진정한 사장은 예수님이시다. 모든 권세는 그분에게서 나오기 때문이다. 예수님을 섬기듯 일하라. 주님께서 당신이 사는 동안 당신 위에 세우신 질서에 '주님을 경외함으로' 순복하라. 사장이 보든 보지 않든, 주님을 위해 최선을 다하라.

가정에서도 마찬가지이다. 당신이 아버지이고, 어머니이지만, 가장의 '갑'도 주님뿐이시다. 자녀는 당신의 소유가 아니다. 당신의 꿈을 대신 이루어 주는 '대타'도 아니다. 당신이 걱정하지 않아도 당신보다 더 그 아이를 걱정하시는 그분의 뜻을 물어야 한다. 그분의 뜻대로 그 아이를 대하고, 그분의 뜻을 물어 그 아이를 인도해야 한다.

그 아이의 '갑'도 주님뿐이시기 때문이다. 아이는 마땅히 부모를 공경하고 부모에게 순종해야 한다. 하나님께서 세우신 질서이기 때문이다. 하지만 그 아이의 '갑'도, 부모의 '갑'도 주님뿐임을 항상 기억해야 한다.

남편과 아내도 마찬가지이다. 두 사람의 '갑'도 주님뿐이시다. 누가 누구의 말을 들어야 하는 것인지 따지기 전에, 둘 다 주님의 말씀에 귀를 기울여야만 한다. 그리고 주께서 주신 아름다운 창조 질서에 따라, 남편은 아내를 위해 자신을 주듯 사랑하기를, 그리고 아내는 남편에게 순복하기를 즐겨 해야 한다.

주님을 '경외함'으로 그렇게 해야 한다. 서로가 서로에게 '을'이다. 함께 '갑'이신 주님께 순복함으로 마음을 낮추고, 함께 주의 일을 이루어 가야 한다.

> "다 서로 겸손으로 허리를 동이라" _ 벧전 5:5

하나님의 열심과 하나님의 나라

'하나님의 열심'을 한 개인의 구원론의 입장에서, 하나님의 주권적 은혜에만 초점을 맞추어 해석하는 것은 치우침이 있다. 구약에서 '하나님의 열심'이란 자주, 하나님께서 그의 거룩하신 이름과 그의 공의와 자비, 의로 통치하시는 나라에 대한 하나님 자신의 열망을 표현한다(사 9:7; 26:11; 37:32; 겔 5:13; 34-36장; 39:25).

그래서 '하나님의 열심'이라는 말을, 내가 무엇을 해도 나를 포기하지 않으시는 하나님의 주권적 은혜로, 그것을 개인적 구원으로만 이해하는 것은 동전의 한쪽면만 보는 것이다. 하나님의 열심은 열방 가운데서 하나님 자신의 나라를 회복하고 그의 이름을 높이시려는 데에 쏟아부어진다. 그 때문에 하나님께서는 자신의 열심으로 그의 백성을 살리고 회복하기도 하시지만, 열방 앞에서 자기 백성을 징계하기도 하시고 훼파하기도 하신다.

이런 점에서, 하나님 나라의 통치를 위해 공의와 진리를 드높인 엘리야나 예후, 혹은 비느하스의 경우처럼, '하나님을 위한 나의 열심'도 얼마든지 인정된다(민 25:11; 왕상 19:10; 왕하 10:16; 또한, 고후 11:2).

'하나님의 열심'을 개인적 구원에 대한 하나님의 거부할 수 없는 주권 정도로만 생각하면, '하나님을 향한 나의 열심'

은 마치 공로주의적인 행위로 인식될 것이다. '하나님의 열심'을 너무 개인적 구원을 주도하는 은혜의 통치로만 여긴 결과이다.

'하나님의 열심'이 그의 은혜 안에서 나를 무조건 안심하게 하지는 않는다. 나를 그의 이름을 향한 열심과 그의 뜻을 향한 헌신에 붙들리게 한다. 만일 '하나님의 열심'을 이야기하면서, 그것이 나를 계속적인 나태와 수치를 변명하는 데 머무르게 한다면, 그것은 '하나님의 열심'이 가진 하나님 나라의 차원을 보지 못한 것이다. '하나님의 열심'이 나를 수동적인 신앙에 머무르게 한다면, 그것은 그분의 열심을 오해했을 가능성이 높다.

그러므로 구약에서 '하나님의 열심'이란 오히려 열방 가운데 높이 들려야 하는 하나님의 거룩하신 이름과 그의 나라, 그의 뜻이 이 땅에서도 이루어져야 하는 것에 대한 열심이다. 나의 구원이 중심이 아니라, 그것을 통한, 그것이 오히려 수단이 되는 하나님의 나라가 중심이고 목적이다. 우리는 우리 주 예수 그리스도 안에서 올바른 하나님의 열심을 본다.

주께서 자신의 온 목숨과 삶을 다 바쳐 기도하셨던 그 열심이 곧 하나님의 열심이다. 하나님의 이름과 그의 나라와 뜻을 향한 하나님 자신의 열심으로 주님은 기도하셨고 삶을 살아 내셨던 것이다. "하늘에 계신 우리 아버지여 이름이 거룩히 여김을 받으시오며"(마 6:9).

"그가 우리를 대신하여 자신을 주심은

모든 불법에서 우리를 속량하시고 우리를 깨끗하게 하사

선한 일을 열심히 하는 자기 백성이 되게 하려 하심이라"_ 딛 2:14

공중의 새를 보라

'공중의 새를 보라, 들에 핀 백합화를 보라.' 예수님께서 하신 이 유명한 말씀의 직접적인 의도는 '염려하지 말라'는 것이다(마 6:26-34). 그런데 자연환경이 급속도로 악화되고 있는 오늘날의 상황 속에서 다시 읽어 보면, 그동안 눈에 띄지 않았던 대목이 눈에 들어온다.

"공중의 새를 보라 심지도 않고 거두지도 않고 창고에 모아들이지도 아니하되 너희 하늘 아버지께서 기르시나니 너희는 이것들보다 귀하지 아니하냐"(마 6:26).

우리가 공중에 나는 새들보다 '훨씬 귀하다'라는 대목보다, '너희 하늘 아버지께서 기르신다'에 방점을 찍고 읽어 보자. 공중에 나는 새들은 어떤 존재들인가? '하늘 아버지께서 직접 기르시는' 존재들이다. 그러니까 우리가 강물을 오염시키고 농작물에 화학 비료를 쏟아부어 저들의 먹거리를 말라

버리게 한다면, 우리는 하나님께서 저들을 직접 기르시는 방식에 제동을 거는 셈이라고도 할 수 있다.

어쩌면 우리에게는 '인간 중심적'이 아닌 다른 방식으로 생각하는 것이 낯설고 불편한지도 모르겠다. 하지만 위의 예수님의 말씀에서 '너희는 이것들보다 귀하다'는 것은, 그 새들도 '귀하다'는 것을 전제하고 있다. 그러니까 우리의 오락을 위해 새들을 마구잡이로 잡아도 좋을 만큼, 저들은 아무것도 아니라고 하지 않으신 것이다.

'들에 핀 백합화'나 '들풀'도 마찬가지이다. 이 식물들은 '하나님이 친히 입히시는' 존재들이다. 조금만 상상력을 동원한다면, 우리는 종일 이름 없는 들풀이나 아무도 보지 않을 구석진 들판에 피어 있는 작은 백합화를 어여쁘게 단장하시는 '정원사'(gardener) 같은 하나님의 모습을 떠올릴 수도 있다. 지금도 매일매일 자신이 가꾸며 돌보는 정원을 바라보며 '참 좋다, 멋지다'라고 감탄하시는 하나님의 기뻐하시는 얼굴 말이다.

물론 하나님께서는 인간들에게 식물이나 동물을 먹거리로 허용하셨다. 하지만, 그것이 그런 동식물들을 남용하거나 오용하거나 파괴적으로 대하라는 뜻은 결코 아님이 분명하다(창 9:1-18). 한 걸음 더 나아가서, 우리는 이 자연 세계를, 마치 정원사가 자신의 정원을 애틋하게 돌보는 것같이 대하시는 하나님의 방식을 이해하고 받아들이며 배워 나가야 한다.

그것이 '하나님의 나라'를 하나님의 마음과 뜻을 좇아 다

스리고 섬기는 방식에 포함될 것이다. '하나님의 나라와 그의 의'가 무엇인가? 그것은 단지 사회의 공의를 회복하는 정도가 아니라, '공중의 새나 들풀'을 돌보는 사명도 포함한다. 그러니까, 예수님께서 '너희는 아무런 염려하지 말고, 그의 나라와 그의 의를 구하라'고 하셨을 때, 그것은 결국, 공중에 나는 새와 들에 핀 백합화나 들풀조차 먹이시고 입히시는 하나님의 통치 방식을 따라 살라고 하신 셈이다.

결국 우리가 '하나님 중심적'으로 생각하고 살아가고자 한다면, 우리는 '인간 중심적'으로 피조 세계를 마음껏 파괴하지 못할 것이다. 왜냐하면 하나님 자신이 이 피조 세계를 그렇게 대하고 계시지 않기 때문이다. 진정으로 '하나님 중심적'이 된다면, 인간은 피조 세계와도 '화목'하게 지낼 수 있게 될 것이다. 그래야만 한다.

"들풀도 하나님이 이렇게 입히시거든"_ 마 6:30

부에 대한 책임과 심판

부(富)는 그것을 얻는 방식도 중요하지만 그것을 쓰는 일에도 주의해야 한다. 종말에 부자는 자신이 쌓아 놓은 재산 때문이 아니라 그것을 어떻게 사용했는지에 따라 심판받는다.

성경의 원리는 재물을 땅이 아니라 하늘에 쌓아 두라는 것이다.

하늘에 쌓는다는 것은 주로 가난한 이웃을 위해 사용함을 뜻한다. 복음이 없어 가난하고, 먹고 입을 것이 없어 주리고 헐벗은 이웃을 위해 재물을 사용하는 것이다. 그것이 하늘에 쌓는 것이다. 그런 식의 부자가 되어야 한다.

그래서 적극적으로 하늘에 재물을 쌓는 부자가 될 것이 아니라면, 그리스도인이 굳이 부를 동경할 이유가 없다. 땅에 쌓은 부는 종말에 결국 자신을 찌르는 칼이 될 것이기 때문이다. 모으고 쌓는 것이 능사가 아니다. 불의하게 모으고 쌓는다면 그것만으로도 심판을 피할 길이 없지만, 정당하게 모으고 쌓았더라도 더 중요한 것은 '어떻게 그 재물을 쓰느냐'이기 때문이다. 하나님은 그것을 보신다.

그러므로 '하나님은 왜 나에게 재물을 주시지 않는가'라고 묻기 전에, 그 재물을 어디에 어떻게 쓰려고 하는지를 스스로에게 물어보라. 말이야 얼마나 화려할지 몰라도 마음의 숨은 동기가 그저 세상의 부와 사치를 동경하는 정도라면, 차라리 없는 편이 있는 것보다 낫다.

재물이 없어 고통을 당하기도 하지만 많아서도 고통을 당한다. 이 땅에서도 고통을 당하고 심판 날에도 더 큰 고통을 당한다. 재물도 사업도 이 세상도 하나님의 뜻 아래 있다면, 그 뜻을 잊고 행하는 모든 일에는 중대한 책임이 따르기 때문이다.

목적 없이 부를 바라는 것은 그러므로 차라리 위험한 일이다. 성도는 무엇을 입을까 무엇을 먹을까 염려하지 않는 사람이다. 하나님께서 맡기신 일들에 충성하면 된다. 주께서 필요한 것들을 공급하신다. 무작정 부를 갈망하고 그 때문에 좌절하는 태도는 그리스도인을 비참하게 만든다.

예수 그리스도라는 절대 복음을 받았으면서도, 세상 속의 가난을 스스로 비참해하며 세속적인 부를 사모하고, 자신 속에 심겨져 있는 영원한 하나님의 생명의 말씀을 부끄럽게 여기는 그리스도인은 비참하다.

하지만 가장 비참한 그리스도인들은, 예수 믿고 복 받는 것이 알고 있는 복음의 전부여서 결국 세상의 불의한 부자들이 가는 멸망의 길을 함께 가는 사람들이다. 그들은 그들이 받은 복 속에서 망한다. 복으로 받은 재산과 건강과 성공 때문에 종말을 잊고 공의를 잊고 이웃을 잊었다. 하나님을 잊었다. 그날에, 그들을 찌르고 불태우는 것은 다름 아닌 바로 그들의 썩은 재물이다.

두 마음을 버리라. 단연코 전심으로 주께 구하라. 온전하고 선한 것은 위로부터 내려온다. 주의 뜻대로 재산을 모으고 주의 뜻대로 그 재물을 하늘에 쌓으라. 심판을 피하라. 예수 믿고 복 받고 망하지 말라. 부를 조심하라. 어떻게 모으는가 하는 것만큼이나 어떻게 사용하는가가 당신의 영원을 결정한다.

"들으라 부한 자들아 너희에게 임할 고생으로 말미암아
울고 통곡하라"_ 약 5:1

'직통 계시' 화법

기도 많이 하는 신학생이 찾아왔었다. 늘 어투가 이렇다. "가라고 말씀하셨어요. 만나라고 말씀하셨어요. 바꾸라고 하셨어요." 기도만 하면 하나님께서 직접 그에게 말씀하신단다. 그래서 표현이 늘 그렇다.

그런 그가 어떤 목사를 만났다. 그는 '정말 신령하고 그렇게 영력이 강한 사람을 만난 적이 없었어요'라고 하며 기도원으로 아예 교회를 옮겼다. 물론 그때도 하나님이 자기에게 '말씀하셨다'는 확신과 함께.

몇 달 후, 빚까지 내어 그 기도원에 큰돈을 바치고, 그 대가로 돌려받지 못한 '약속된 축복' 때문에, 끝내 '영력 강하다'는 그 목사와 다투고 산을 내려왔다. 그와 대화하면서, 가장 거슬리는 것이 바로 그 화법이었다. "내려가라고 말씀하셨어요!" 어찌 그리 확신하며 또한 또렷한지….

이런 사례처럼, 자신의 욕망을 자신도 모르게 하나님의 이름으로 덧칠하는 경우가 많다. 스스로 속고, 남을 속일 수밖에 없을 만큼, 어떤 욕심이나 결함에 사로잡혀 있는 것이다.

내가 원하면, 그냥 '내가 하고 싶다'고 말하라. 그것이 자신의 형상대로 우리를 지으시고 책임 있게 살게 하신 하나님의 뜻이다.

당신이 그렇게 알고 싶어 하고 알아야 할 하나님의 뜻, 하나님의 말씀은 거의 모두 성경에 명확히 기록되어 있다. 게으르지 말고, 성경 말씀을 살펴보라. 우리 삶의 준거가 되는, 원대하고 깊은 하나님의 뜻이 자세히 거기에 모두 기록되어 있다.

또한 그 말씀을 우리 각자의 심령에 깨닫게 하시는 성령 하나님의 비추어 주심이 있다. 그것은 때로 확신으로 다가온다. 하지만 늘 겸손하여야 한다. 늘 내 욕심을 섞어서 말할 수 있다는 가능성을 인정하고, 조심스럽게 말해야 한다. 그것이 내게 하시는 '하나님의 말씀'을 대하는 바른 화법이다. 직통 계시 화법으로 말하는 자를 주의하라.

"스스로 속이지 말라 하나님은 업신여김을 받지 아니하시나니
사람이 무엇으로 심든지 그대로 거두리라"_ 갈 6:7

제 3 장

무엇을 소망하며, 어떻게 인내할 것인가?
삶의 의미와 목적

성경은 '온전함'을 말할 때, 자주 '사랑'을 지목한다. 하나님께서 명하신 '율법의 요구'를 행하는 것이 복잡한 듯이 보여도, 하나도 그렇지 않다. '내가 너희를 사랑한 것같이, 너희도 서로 사랑하라'는 주님의 말씀에 다 들어 있다. 사랑은 어렵고도, 쉽다. 사랑이 어려운 이유는, 사랑받지 못했거나, 또는 사랑받고 있다는 사실을 알지도, 누리지도 못하기 때문이다. 사랑이 쉬운 이유는, 사랑을 받고 있고, 또한 사랑받고 있다는 사실을 알고 있기 때문이다.

하나님은 우리를 사랑하셨다. 그 아들이 그 증거이다. 성령께서 깨닫게 하시고 누리게 하신다. 우리가 사랑할 때, 우리는 온전해진다. 우리를 사랑하신 하나님의 사랑도 온전함에 이른다. 사랑은 하나님께로부터 출발해서, 그 아들을 통해 전달되며, 우리가 서로 사랑할 때, 아버지 품에서부터 품고 있던 그 목적지에 이른다.

사랑만이 영원하다. 새 하늘과 새 땅에서 우리는 영원히 사랑할 것이다. 사랑은 다함이 없으므로, 영원히 사랑을 알아 가고 누리게 될 것이다. 그날을 기다린다. 눈물을 흘리며, 지금도 사랑한다. 그 사랑이 이미, 지금 여기서부터, 시작되었으므로.

온전함과 긍휼

긍휼에 불붙은 심령

예수님은 긍휼의 목자이셨다. '불쌍히 여기는 것' 그것이 그분의 심령 중심에 불타고 있었다. 그것은 이스라엘을 회복하고자 했던 하나님의 중심에서 타고 있던 성령의 불이었다. 그 불이 교회의 중심에도, 각 신자들의 중심에도 타고 있어야 한다. 내 속에는 그 불이 타고 있는가?

영혼을 불쌍히 여기는 마음, 인생을 불쌍히 여기는 마음. 목자 되신 예수님의 긍휼은 거의 일방적이다. 긍휼이란, 스스로 어찌지 못하는 대상을 향해 느끼는 일방적인 사랑의 정열이다. 자기 속에서 불붙어서, 그 불로 그 대상을 살려 내는 일방적인 사랑의 다른 이름이다.

예수를 경험하고 예수를 따르는 삶이란, 이런 하나님의 일방적인 긍휼의 불이 옮겨붙은 삶이다. 그분의 긍휼이 내 심령에 옮겨붙어 활활 타오르는 삶이다. 이 하나님의 긍휼이 내 속에 차고 넘칠 때, 마태복음이 전하는 참목자이신 예수의 모습을 조금이나마 드러낼 수 있다. 계산하지 말아야 하는 때가 있다. 잘못을 따지지 말아야 하는 때가 있다. 공평과 정의의 뿌리도 긍휼이다. 이 긍휼 없이는 공평과 정의도 그 기초를 잃는다.

긍휼이란, 상대방이 스스로 할 수 없는 것을 내가 대신 짊어져 주는 것이다. 죄인이요 악인이요 이미 죽은 것 같은 자를, 자신이 대신 짊어져 그를 의인이요 선인이요 살아난 자로 만드는 하나님의 능력이 바로 긍휼이다. 이 긍휼에 불붙어 살고 있는가? 우리가 당하는 문제의 결국을, 이 하나님의 긍휼의 관점에서 풀고 있는가?

"내가 너를 불쌍히 여김과 같이
너도 네 동료를 불쌍히 여김이 마땅하지 아니하냐"_ 마 18:33

온전함을 사모하라

분별없는 금욕주의는 '경건한 괴물'들을 양산한다. 신자들은 너무도 쉽게 자신이 모든 것을 버렸다고 생각한다. 명예도 행복도 돈도 사랑도 모든 것을 주를 위해 버렸다고 고백한다. 그런데 실제로는 그렇게 되기가 어렵다.

평생을 검소하게 살면서 교회를 세우신 목사님이 그 교회를 자신의 자식이 아닌 다른 목회자에게 넘기기를 그렇게도 어려워한다. 자신이 세운 교회를 스스로 허물 때까지 그 명예와 집착을 버리지 못한다. 처음에는 주를 위해 모든 것을 버리지만, 나중에는 그 대가로 받아 내야만 하는 것을 위해 진흙탕 속에서 죽기 살기로 싸운다.

복음을 믿지 않는 것이다. 어떤 이들은 술, 담배를 하지 않는 대신, 약속을 밥 먹듯이 어기고, 태연히 거짓을 일삼으며, 혹은 사람을 도무지 용서하지 못한다. 그런 것이다.

하지만 방임주의도 잘못 간 것이다. '교회는 답답하다. 목회자들은 모두 위선자들이다. 그래서 나는 교회 모임에 잘 안 간다.' 이렇게 말한다. 인간이 원래 그렇다고 생각한다. 약한 것과 죄악된 것을 혼동한다. 약해서 받아 줄 수 있기 때문에 죄악된 것들도 모두 괜찮다고 생각한다.

자연스러운 것을 모두 좋다고 여기는 것이다. 하지만 결코 그렇지 않다. 인간에게는 죄까지도 자연스러운 적이 많다. 그래서 자연스러워도 경건하지 않다면, 그것은 더러운 것이다. 자아가 전부 존중되어야 하는 것은 아니다. 거기에는 존귀하게 여김을 받아야 하는 부분도 있고, 철저히 부인되고 낮아져야 하는 부분도 있다.

온전함은 하나님의 선물이다. 하지만 동시에 인내와 연단을 통해 거기에 이르러야 한다. 주님은 자연스러워서 죄인들도 가까이 다가갈 수 있었다. 그분에게는 어떤 허세나 자기 자랑이나 악한 동기가 없었다.

하지만 동시에 거룩하시고 죄가 없으시며, 하나님과 사람에 대한 긍휼로 가득하셨다. '죄인들의 죄 없는 친구'이다. 온전함이란 그런 균형이다. 반반의 균형이 아니라, 두 가지 모두를 누리는 참된 회복이다. 주 안에서 회복되어 그 균형을 누려야 한다. 무엇보다 온전함을 사모하라.

"너희로 온전하고 구비하여 조금도 부족함이 없게 하려 함이라"

_ 약 1:4

'육체로' 오셨다

신앙은 일상이다. 먹을 것, 입을 것, 쓸 것에 관련된 문제이다. 내가 먹고 입고 쓸 것을 얻는 일뿐 아니라, 남에게 먹을 것, 입을 것, 쓸 것을 주는 문제들과 관련된다. 야고보서가 가르치는 신앙은 추상적이지 않다.

예배와 모임을 마치고 나가면서, 누가 의자를 접는지 보라. 누가 허리를 굽혀 바닥에 떨어진 주보나 휴지를 줍는지 보라. 그가 영적인 사람이다. 기독교는 '살과 피'로 되어 있다. 성찬의 떡과 포도주를 받는 것은, 곧 그분의 살과 피를 받는 것이다. 구원의 완성은 육체의 부활이다. 부활하신 주께서 제자들을 만나 제일 먼저 하신 일이 불을 피우고 물고기를 구워 먹이신 일이었다.

방언하고 환상을 보고, 찬양대 가운을 입고 거룩한 찬송을 올리는 일만큼이나, 돈보다는 사람을 귀히 여기며, 효율성보다는 인간의 존엄성을 택하고, 혹시 불리해도 약속과 법은 기꺼이 지키며, 말과 행동에 있어 정직(正直)을 살아 내는 일도 실로 영적인 일이다.

순종도 사랑도 그렇게 구체적이다. 하나님은 우리를 구원하시기 위해 하늘 위에서 '사영리'를 뿌리지 않으셨다. 하나님께서 이 세상에 보내신 그 아들은 참으로 '육체로' 오셨다(요일 4:2). 십자가에 달리신 하나님의 아들을 보라. 땀과 피로 범벅이 되셨다. 찢겨 상처 난 몸으로 보이신 그분의 순종과 사랑에는 전혀 거짓이 없다. 일상의 작은 일들, 작은 자에게 한 구체적인 말과 행동 속에 영원으로 열린 문이 있다.

하나님의 눈에는 작은 것이 없다. 흔들리는 나뭇잎, 반짝이는 햇살보다 더 찬연한 신학은 없다. 내가 이 세상의 모든 것을 다 할 필요는 없다. 내게 주어진 일상 속에서 내 앞에 놓인 그 작은 일들을 신앙으로 하라.

아무도 신경 쓰지 않을 친절, 양보, 정당한 순복, 소소한 긍휼이라도, 마치 홍해를 가르듯 죽으면 죽으리라는 신앙으로 하라. 믿음의 삶은 그렇게 구체적이어야 한다. 예배당 밖에서, 일상 속에서 하라. 거기가 하늘과 맞닿은 곳이다.

> "평안히 가라, 덥게 하라, 배부르게 하라 하며
> 그 몸에 쓸 것을 주지 아니하면" _ 약 2:16

누구를 위한 힘이요 권세인가?

　예수의 비할 바 없는 권세는 긍휼로 드러난다. 예수의 권세는 하나님의 권세이다. 그리고 그 하나님의 권세는 치유와 자비로 드러난다. 공동체의 가장 변두리에 있거나 그 밖으로 쫓겨난 자들에게 그분의 따뜻한 권세, 놀랍고 기이한 권세가 드러난다. 특별히 그들을 치유함으로 드러난다. 긍휼로 드러나는 권세는, 본래 온 세상을 창조하시는 하나님의 권세처럼 민족적 편견이나 제한을 넘어선다.

　사람들이 손에 쥔 권세는 종종 차별과 배제를 위해 쓰인다. 예수의 권세는 사람들의 제도나 권세에 의해 쫓겨나고 배제된 자들을 향한 긍휼과 자비로 드러났다. 힘과 권세가 주어진다는 것은, 그것으로 섬길 사람들이 있기 때문이다. 예수께서 보여 주시는 권세는 모두 이런 식으로 사용되고, 이런 식으로 드러난다.

　힘과 권세는 그것으로 스스로를 자랑하고 교만해지라고

주어지는 것이 아니다. 이스라엘이 회복되고 하나님의 교회가 회복된다는 것도 스스로를 위한 것이 아니다. 하나님의 심장 한가운데는 쫓겨난 자, 버림받은 자, 어둡고 추운 데서 죽어 가는 열방들이 자리 잡고 있다.

예수께서는 자신에게 주어진 비할 바 없는 하나님의 권세가 어떻게 쓰여야 하는지 잘 아셨다. 우리에게 주어진 힘과 여유, 능력과 권세는 누구를 위해 어떻게 쓰이고 있는가?

"인자가 온 것은 섬김을 받으려 함이 아니라 도리어 섬기려 하고 자기 목숨을 많은 사람의 대속물로 주려 함이니라"_ 마 20:28

긍휼이 흐르게 하라

부(富)를 바라고, 부를 얻고, 부를 누리는 것이 무엇이 잘못이랴. 어느덧 '탐욕'이 칭찬받는 덕(德)이 되어 버린 시대를 사는 교회 역시, 부를 바라고 부를 얻고 부를 누리는 일에 뒤처지지 않으려 노력한다. 스스로도 노력하고, 힘써 권장한다. 무엇이 잘못이랴. 잘사는 것이 국가의 이념이고, 부자가 되는 것이 믿음의 '축복'인 시대에, 부에 취(醉)하는 것이 무엇이 잘못이랴.

하지만 이렇게 부에 취하는 일은 우리의 눈을 멀게 한다.

첫째는, 장차 오는 하나님 나라에 눈을 감게 한다. 둘째는, 가난한 이웃을 보지 못하게 한다. 지금 여기서 잘 먹고 잘사는 것이 전부인 현세주의는 신앙의 가장 큰 적들 가운데 하나이다.

나는 정말 종말을 기다리는 사람인가? 오늘도 주께서 이 땅에 임하셔서 모든 불의와 눈물, 애통과 기다림, 믿음과 불신앙에 대하여 결론을 내주실 것을 나는 애타게 간구하는 사람인가?

또한 나는 이웃의 불행에 눈뜬 사람인가? 앞으로 얼마나 더 가질 수 있을지가 아니라, 최소한의 것도 갖지 못한 사람들을 위해 무엇을 할 수 있을지를 고민하고 실행하는 사람인가?

예수를 따른다는 것은, 지금 여기서 받을 복을 다 받는 축복된 삶만은 아니다. '그날'에 눈을 뜨고, '이웃'에 눈을 떠서, 열린 하늘로 이어지는 길, 그분을 따라 걷는 것이다.

신자는 가난한 사람이었다. 너무 가난해서, 하나님께서 긍휼로 자기 아들을 주시지 않았으면 아무것도 없는 사람이었다. 그에게 있는 모든 것은, 하나님께로부터 받지 않은 것이 없다.

하나님의 긍휼은 물이 강을 따라 바다로 흐르듯이 낮은 곳으로, 더 낮은 곳으로 흐른다. 하나님의 긍휼을 막는 사람, 막는 교회가 되지 말아야 한다. 과연, 그분의 긍휼을 흐르게 하는 인생인가?

"누가 이 세상의 재물을 가지고 형제의 궁핍함을 보고도

도와 줄 마음을 닫으면 하나님의 사랑이

어찌 그 속에 거하겠느냐"_ 요일 3:17

영원의 관점에서

재창조는 창조의 역순

왜 종말은 이렇게 더디게 오는 것일까? 약속된 새 하늘과 새 땅은 어디에 있는가? 정말 오는 것인가? 지구 환경은 점점 더 나빠져 가고 있다. 모든 피조물들이 썩어짐에 종노릇하며 허무한 데 굴복하여 신음하고 있다. 언제 끝이 오는가? 이미 시작된 종말은 언제 그 완성에 이르게 되는가? 하나님께서는 지금 무엇을 하고 계신 것인가? 왜 기다리시는가?

무수한 질문들이 솟아오른다. 생각해 보면, 창조 때에는 하나님께서 세상을 먼저 지으시고, 그다음에 사람을 만드셨다. 그리고 사람이 범죄함으로 타락하고 사망이 세상에 들어온 것이다. 그러니까, 세상의 창조, 사람의 창조, 사람의 타락, 세상의 파괴, 이런 순서였다.

그러나 재창조는 그 순서가 다르다. 여기가 주목해야 할 부분이다. 성경 전체를 훑어보면, 이 커다란 흐름이 눈에 띈다. 하나님께서는 왜 지금, 오늘, 이 참혹한 세상을 다시 창조하셔서, 당장 새 하늘과 새 땅을 만들지 않으시는가?

그 이유는 '재창조의 순서'에 있다. 하나님께서 만물을 새롭게 하시는 순서가 있다. 다시, 첫 번째 창조를 생각해 보자. 그때에는 세상이 먼저 지음받고, 사람이 창조되었다. 그러나 재창조는 그런 순서가 뒤집어진다. 사람이 먼저 새롭게 지음받고, 그다음에 새 하늘과 새 땅이 완성된다.

물론, 고린도후서에서, '누구든지, 그리스도 안에 있으면 새로운 피조물이라'(고후 5:17)고 했을 때, 그리스도 안에서 이미 새 사람과 새 하늘과 새 땅이 모두 재창조된 것이다. 그러나 중생(regeneration), 거듭남의 부활 생명의 역사는, 그리스도를 믿는 사람들의 심령 안에서 먼저 일어난다. 사람들이 중생하며, 영적으로 새 사람들이 태어난다.

사람들이 먼저 새로워진다. 하나님은 새 하늘과 새 땅을 가져오시기 전에, 그의 새로운 백성을 먼저 만드신다. 왜 그렇게 하실까? 첫 번째 창조에서, 세상에 죄와 죽음과 허무가 들어온 것은 첫 사람 아담의 타락 때문이었다. 그러니까, 오늘 밤에 하나님께서 새 하늘과 새 땅을 만드셔도, 그 재창조의 세계가 하나님의 뜻대로 다스려지고 보존된다는 보장이 없다. 그 재창조의 세계를 하나님의 뜻대로 다스릴 하나님의 새 백성이 준비되지 않았기 때문이다.

첫 번째 창조, 곧 이 세상의 타락의 원인은, 첫 사람 아담이 하나님과 맺은 관계를 깨뜨렸기 때문이다. 그래서 두 번째 창조, 새로운 아담인 하나님의 새 백성이 하나님과의 관계를 회복하는 거기에, 다시 하나님의 말씀을 품고 따르고 살아내는 거기에, 즉 그 코이노니아가 회복되는 거기에 코스모스의 재창조를 완성하는 길이 열린다.

그래서 하나님은 지금 전(全) 역사를 통틀어, 자기 백성을 재창조하시는 일에 주목하고 계신다. 교회에 주목하고 계신다. 거기가 새 백성이 만들어지는 곳이기 때문이다. 거기가 새 하늘과 새 땅의 완성의 관건이 달려 있는 장소이다. 코이노니아의 회복이 곧 코스모스의 회복이다. 코스모스의 회복은 코이노니아의 회복에 달려 있기 때문이다.

하나님의 말씀에 순종하는 새 백성의 탄생, 여기에 새 창조의 완성이 달려 있다. 그것은 사랑의 회복이다. 사랑 없는 새 하늘과 새 땅이 무슨 의미가 있겠는가? 그러므로 하나님을 사랑하고, 그 사랑 안에 거하고, 그 사랑으로 자신과 형제와 이웃을 사랑하라. 그 길만이, 온 세상을 새롭게 만드는 길, 새 하늘과 새 땅을 가져오는 가장 확실한 길이다.

"이 모든 것이 이렇게 풀어지리니
너희가 어떠한 사람이 되어야 마땅하냐"_ 벧후 3:11

영원의 관점에서

노인들이 지혜로운 이유는 그들이 비로소 삶의 끝에 서 있기 때문이다. 이미 지나온 길을 돌아볼 때, 무엇이 잘못된 것이고 무엇이 의미 있는 일이었는지가 확연히 드러나기 때문이다. 단지, 그 잘못을 뒤집을 수 없고, 그 의미 있던 일에 더욱 몰입하기에는 너무 늦었을 뿐이다.

지혜란 끝에서부터 시작하는 생각과 마음가짐에서 나온다. 종말을 기준점으로 사는 것, 그것이 신앙이다. 그것이 예수님의 신앙이었고, 예수를 따르는 제자들과 또한 오래전 이 땅에서 믿음 때문에 순교했던 순교자들의 신앙이었다. 예수님은 처음부터 끝을 생각하고 시작하셨다.

그분의 짧은 삶은 그분이 목표로 했던 십자가에서의 죽으심과 그 이후라는 관점에서 한 발짝씩 진행되었다. 사실 누구도 죽음을 기점으로 삶을 살지는 않는다. 대부분은 우물쭈물하다가, 혹은 끝까지 저항하다가 종말을 맞지 않는가.

끝에서 시작하는 삶, 영원(永遠)의 관점에서 오늘을 선택하며 사는 삶, 그것이 신앙이다. 믿음으로 구원받으면 그만이고, 현재는 악착같이 복을 구하며 사는 삶의 관심은 현재에 묶여 있다. 그 신앙의 중심축이 현재에 놓여 있다. 지금 여기에서 성공하는 것이 진정한 성공이고, 지금 여기에서 앞줄에 앉아 있는 것이 승리라고 믿는 것은 자기 확신에 불과하다.

예수께서 많은 비유로 가르치신 삶은, 끝에서 시작하는 종말의 신앙이다. 영원의 관점은 이미 우리에게 알려져 있다. 거기서부터 오신 분께서 가르치시고 삶으로 보여 주셨기 때문이다. 우리는, 지금 여기서 해야 하는 선택을, 영원의 관점에서 결정하고 있는가? 그만큼 지혜로운가?

"오랜 후에 그 종들의 주인이 돌아와 그들과 결산할새" – 마 25:19

악해져 가는 방식

누구나 갑자기 악인이 되는 것이 아니다. 처음에는 말과 행동이 분리되기 시작한다. 스스로 거짓말을 하게 된 사실에 수치를 느낀다. 그다음은, 말이 행동과 분리되었어도 전혀 수치심을 느끼지 않는 단계로 나아간다. 말과 행동이 달라도, 거짓을 말해도 거리낌이 없이 단련된, 부패한 심령을 얻게 된다.

거기서도 멈추지 않는다. 이제는 거짓을 정당화하기 시작한다. 거짓을 점점 더 진실로 만들어 간다. 스스로 속일 뿐 아니라 남도 그렇게 속인다.

그뿐 아니다. 오히려 진실을 점점 거짓으로 만들어 간다. 그러고도 멈추지 않는다. 이제는 거짓으로 진실을 핍박하고,

결국은 아예 진실을 없애려 든다. 하지만 악인이 생각지 못한 변수가 있다. 불행하게도(?) 하나님이 살아 계신다.

공의의 심판이 있다. 조금만 생각하면, 밤의 어둠이 깊어서 모든 빛을 다 삼켜 버렸다고 믿을 그때, 새벽이 온다는 것을 알 수 있다. 그 새벽은 매일 온다. 매일 와서, 우리에게 교훈한다. 반드시 아침이 온다고, 빛 가운데 모두 드러난다고.

진실무망하신 하나님이 버젓이 살아 계신다고. 거짓의 끝은 파멸이라고. 아침 안개 같은 것이라고. 들의 풀의 꽃과 같은 것이라고. 해가 뜨고 그 빛이 비치면 모두 타서 떨어져 없어진다고. 악인은 번성하는 것 같으나, 조금 후에는 눈을 씻고 찾아보아도 찾을 수 없게 된다고. 매일 아침, 하나님의 말씀은 우리를 교훈한다.

> "진실로 악을 행하는 자들은 끊어질 것이나
> 여호와를 소망하는 자들은 땅을 차지하리로다" _ 시 37:9

'호모 후밀리스'

미국 캘리포니아에 있는 데스밸리(Death Valley, 일명, '죽음의 골짜기')의 한낮 기온이 섭씨 57도까지 올라갔단다. 그동안 비공식 지구 최고 기온이 53.9도였는데 기록 갱신이라고 한다.

북미 해변가는 김이 모락모락 올라오는 찜통같이 변해 버려, 그 뜨거운 물에 10억 마리 이상의 홍합이며 조개며 굴들이 모두 익어 버렸다는 소식이다(JTBC 뉴스, 2021년 7월 13일).

  지구가 걷잡을 수 없이 뜨거워지고 있다. 지난 350여 년간 지속되어 온 '근대 산업화 문명'의 끝을 보고 있다는 것이 전문가들의 판단이다. 자연이란 무엇인가? 우리는 인간이 아닌 생명체를 그저 '물건'이나 '물질 덩어리'로 보는 데에 익숙하다.

  아니, 근대주의는 인간조차 그저 '육체 덩어리'로 보는 일에도 주저 없었다. 인간과 자연을 '물화'(物化)하고, 그래서 '물건'이기 때문에 욕심껏 조작하고 착취하고 파괴해도 아무런 죄책이나 책임감을 느낄 필요가 없는, 그런 '무신론적(無神論的) 세계'를 만들어 살아왔던 것이다.

  이 세상으로부터 '창조주요 구원주요 심판주'이신 하나님을 몰아내고 난 후, 인간은 자신의 '이성(理性)과 산업화'의 힘으로 이 세상의 주인 노릇을 해 왔다. 하지만 인간의 이성도 과학도 그것을 사용하는 인간의 부패한 마음, 탐욕에 종노릇 하는 데에서 벗어나기 어렵다. 결국 인간은 그렇게 자신의 뜻대로, 탐욕대로 이 세상을 주물러 왔다. 그리고 이제 그 끝을 향해 가고 있는 것이다.

  정말, '문명(文明)의 대전환'이 일어나지 않으면, 이 지구는 소망이 없을 것 같다. 인간의 탐욕의 결과로 신음하고 고통당하는 이 자연을 바라보는 우리의 시각 자체가 바뀌어야 한다. 자연도 인간처럼 하나님의 피조물이다. 자연도 하나님의 어떠하심을 드러내어 하나님께 영광을 돌리도록 지음받았다. 자연을 대하는 우리의 태도 자체가 달라져야 한다.

우리가 '언약 백성'이라면, 자연도 하나님께서 그와 더불어 언약을 맺으신 '언약의 상대'로 존중히 대하여야 한다. 그런 점에서 교회는 자연을 보는 종래의 시각을 바꾸어야 한다. 하나님께서는 언약 백성인 우리와만 언약을 맺으신 것이 아니다. 동물들과 모든 생물들, 그리고 이 자연 세계와도 더불어 '영원한 언약'을 맺으셨기 때문이다(창 9:8-17).

후기 현대 사회를 사는 인류가 회복해야 하는 가장 절실한 덕목이 있다면 그것은 '겸손'일 것이다. 인간 중심에서 벗어나서, 다시 하나님 중심으로 돌아가, 자신을 하나님의 세계의 일부분으로 보며 겸손히 자신의 자리를 찾아가려는 노력이 필요하다. 오만함을 내려놓고, 모든 생명을 존중하며, 자연 앞에서도 겸허한 '동료 의식'을 갖는 마음의 전환이 필요하다.

자연으로부터는 오직 필요한 만큼만 취하고, 그런 필요를 채워 주는 자연의 동식물들에게 고마움을 표현하며, 그들을 최대한 보호하고 존중하며 살아야 한다. 이제는 진정, 자신을 하나님의 피조물로 바라보며, 함께 피조물로 된 자연에 깃들어 사는, 그 자연에 빚지고 사는 겸허한 인간, *Homo humilis*(호모 후밀리스)로 거듭나야 한다.

따져 보면, '인간'을 뜻하는 라틴어 Homo나 '겸손'을 뜻하는 Humilitas 모두 '흙'(Humus, 후무스)이라는 말에 그 뿌리를 두고 있다. 인간은 흙에서 왔다. 인간도 자연도 모두 흙을 그 본질로 나누어 가진, 어머니 같은 대지(大地)의 형제들이다. 창조주 앞에서 우리의 자리는 흙이다. 그것이 겸손이다. 자연 앞에서 우리의 본질도 흙이다. 그것이 자연 곁에 선 인간의 자리이다. 그것이 겸손이다.

새 하늘과 새 땅을 이미 받았고, 지금도 받고 있고, 장차 온전히 받을 언약 백성 된 교회가, 먼저 이러한 '신(新) 인류'의 모습을 보여 주어야 할 것이다. 하나님 앞에서뿐 아니라, 자연과 재물, 모든 동물들과 생물들, 그리고 온 피조 세계 앞에서 자신의 자리를 깨닫고 지키는 겸손한 사람들 말이다.

'이 겸허한 사람을 보라!'(ecce homo humilis) 이 땅에 오신 '하나님의 아들'이시요 '사람의 아들'이신 예수 그리스도께서, 이미 그 순종의 삶과 고난의 십자가 위에서 그 '겸허한 인간'의 자리를 되찾아 주셨다. 우리도 하나님의 세계 안에서, 주께서 서신 바로 그 자리에 서야만 한다.

그래서 세상 속의 그리스도인들은, 자신을 하나님의 세계의 '중심'이 아니라 '일부'로 바라보는 사람들, 오직 하나님과 그의 세계에 빚지고 의지하며 살아가는 '작은 존재들'임을 인정하는 사람들이어야 한다. 모든 감사함으로 하나님의 피조 세계를 보존하며, 다만 그 피조 세계가 하나님의 형상과 영광을 더욱 드러나게 하는 '동산지기'(Garden-keeper)로서의 교회 말이다.

"여호와 하나님이 그 사람을 이끌어 에덴 동산에 두어
그것을 경작하며 지키게 하시고"_ 창 2:15

말씀과 세상

홍수가 나고 물이 범람하지만, 주께서는 모래로 바다의 경계선을 만들어 놓으셨다. 아무리 크고 흉용한 파도라도 그 경계선을 아주 넘지는 못한다.

인간은 하나님과의 관계, 그 의의 질서를 무너뜨림으로써, 그 무너진 질서 속에서 신음하기도 하지만, 자연은 여전히 창조 질서를 붙들고 있는 말씀의 권위에 순복한다. 하지만 뒤틀리고 파괴된 창조 질서에 얽매인 채, 탄식하고 신음하며 간절히, 하나님의 자녀들이 나타나기를 기다린다.

하나님께로부터 의롭다 함을 입고, 그 의로운 관계 속에서, 모든 의를 땅에서 솟게 하며 열매 맺는 하나님의 자녀들을 애타게 기다린다. 의와 화평이 거하는 새 하늘과 새 땅이 올 때까지, 자연은 기다리며 탄식하며 주어진 말씀에 순복한다.

인간만이 그 의의 질서, 그 말씀에 순복하기 어려워한다. 중국에서 홍수가 나고, 유럽과 시베리아에 폭염이 휩쓸지만, 실은, 경계를 넘은 광풍(狂風)과, 모든 조화롭고 선한 것들을 지옥 불로 태우는 것은, 말씀에 순복하지 못하는 우리의 나뉜 마음에서 나온다.

말씀의 굴레를 벗은 그 자유에 지옥의 불길과 광풍을 불어넣는 것은, 우리의 나뉜 마음에서 나오는 말이요, 그 거짓된 말의 뒤틀린 힘에서 나오는 왜곡된 사상, 헛된 철학, 파괴적이고 부패한 문화들이다(약 3:1-12).

그래서 구원이란, 모든 생각을 그리스도께 복종시키며 우리의 말을 그분의 말씀의 질서와 아름다움에 맞추어 가는 것, 그 말씀의 강(江)가에서 우리의 생각과 말을 씻어 내는 일이다. 그것보다 세상의 회복과 재창조에 더 빠르게 기여하는 다른 길은 없다.

말씀이 구원한다. 능히 우리를 구원할 능력은, 능히 세상을 붙들고 다시 창조하며 회복할 능력은 오직 주의 말씀에, 주의 말씀에만 있다.

바다가 그 경계를 넘지 못한다. 결국은 아무것도 그분이 세우신 질서를 아주 파괴하지는 못한다. 아무것도 말씀을 대적하여 서지 못한다. 그 말씀은 살아 있고, 세세토록 거한다(벧전 1:23-25; 벧후 3:1-14). 풀은 마르고 시들고 풀의 꽃은 다 떨어져도, 주의 말씀은 영원히 모든 것을 다시 굳게 세운다.

> "아무리 큰 파도가 몰아쳐도 그 경계선을 넘어설 수가 없다."
> — 렘 5:22(새번역)

참된 두려움

하나님께 대한 참된 두려움을 회복해야 세상 권위에 대한 바른 태도가 나온다. 마찬가지로, 이 세상 나라의 법을 제대로 따르려면 우선 천국의 법부터 바르게 따라야 한다. 이 세상 나라가 천국의 주인이신 하나님과 그리스도의 통치 아래 있기 때문이다.

예수님께서, '가이사(Caesar) 황제의 것은 가이사에게, 하나님의 것은 하나님에게'라고 하셨던 말씀과 같다. 예수님은 이 말씀 한마디로, 듣는 모든 이들과 로마의 황제 가이사조차도 전능한 주권자요 심판주이신 하나님 앞에 불러 세우셨다. 실로, 세상 권력자도 그 권력도 모두 하나님의 것이므로, 하나님께 복종함이 그들을 올바로 인도하는 길이 된다.

이런 올곧은 신앙관을 보여 준 신앙의 선진들은 무수히 많다. 오늘날 신앙이 오직 '나를 위한 것'으로만 여겨지는 시대에, 우리는 하나님 중심의 올곧은 신앙을 가진 수많은 믿음의 선진들을 기억할 필요가 있다.

한 예로, 일제하에 평안북도 의주 북하동 교회에서 시무하던 이기선 목사는 장로교 총회가 신사 참배를 결의하자 교회를 사면하고 신사 불참배 동지를 규합하러 전국을 순회하면서 맹활약하였다. 이 목사는 결국 체포되어 심문을 받았다.

일본 형사가, '불교나 유교나 국가를 사랑하는 의미에서 각자의 의식대로 신사 참배를 하는데, 너는 어찌하여 반대하느냐'라고 회유했다. 이 목사는, '기독교의 의식대로 한다면 나도 하겠소' 하고 신사 앞에 가서 찬송을 부르고 일본의 죄를 용서해 달라고 기도하고는, '다 마쳤으니 갑시다' 하였다.

형사가 '절을 해야지요' 하자, '기독교 의식대로 한다더니 절을 해요? 절은 기독교 의식이 아니니 못 합니다' 했다. 다시 형사가, "천황이 '믿지 말라. 믿으면 죽이겠다' 하면 어찌 하겠소?"라고 묻자 그는 이렇게 대답했다. "할 수 있나요. 천국법도 지키고, 국법도 지켜야지요. 하나님께서 예수를 믿으라 했으니 예수를 믿고, 천황이 죽으라 하였으면 죽으면 되지요."(『한국 기독교 순교사』, 김성준, 120).

참된 두려움은 우리를 거짓된 두려움으로부터 해방시킨다. 참된 두려움, 곧 하나님께 대한 바른 두려움은, 우리로 하여금 우리가 존중해야 할 다른 모든 권위들에게도 바른 태도를 갖게 해 준다. 하나님을 향한 참된 두려움이 없다면, 우리는 거짓과 악과 불의 앞에서 주의 뜻대로 행할 수 없다.

하나님께 대한 참된 두려움이 없다면, 우리는 하나님께서 허락하신 권위들 앞에서 마땅한 존중과 순복을 감당할 수 없다. 하나님을 향한 참된 두려움 안에서 살기를 소원하라. 그분을 향한 참된 두려움을 회복하라. 그 안에서 살라.

"하나님을 두려워하며"_ 벧전 2:17

끝까지 눈에 보이지 않는다

보이는 것에 집착하지 말자. 만일 믿음이 있다면, 만일 하나님 나라에 대한 소망이 있다면, 무릇 보이는 것에 집착하지 말아야 한다. 예수께서 가르쳐 주신 하나님 나라의 비밀은, 그 나라가 우리의 눈에 끝까지 실망스럽게 비칠 수 있다는 사실을 포함한다.

기독교는 결코 눈에 보이지 않는다. 기독교는 끝까지 손에 잡히지 않는다. 우리가 고정해서 붙들어 놓을 수 없다. 하나님 나라는 이 세상 나라가 아니며, 말할 수 없이 역동적이다.

힘이나 세력에 집착하지 말자. 만일 믿음이 있다면, 만일 하나님 나라에 대한 소망이 있다면, 힘이나 세력에 집착하지 말아야 한다. 하나님 나라는 수(數)의 많음이나 정치적, 경제적 강력에 있지 않다.

기독교는 눈에 보이지 않는다. 끝까지 손에 잡히지 않는다. 화려한 건물만 남은 서구(西歐)의 기독교를 보라. 기독교는 사람들이다. 그 사람들 속에 있는 예수께 대한 믿음, 그분의 사랑과 그분께 대한 사랑이, 그리고 그 믿음의 삶을 통해 그들 안에 거하시는 삼위 하나님이시다. 그것이 기독교이다.

보이지 '않는' 기독교에 주목해야 한다. 믿는 사람, 바르게 믿고 바르게 행하는 신자들 속에 하나님 나라가 있다. 말씀 속에 기독교가 있다. 선포된 말씀, 믿음으로 받아들여지고 삶으로 살아지는 말씀 속에 '살았고 영원한' 기독교가 있다.

말씀은 약해 보인다. 귀를 막으면 그만인 말씀, 믿지 않으면 그만인 그 말씀, 그러나 지금 하나님의 나라는 이 말씀으로 이 세상에 침투하고 있다. '살았고 영원한' 이 말씀 속에 영원한 생명이 있고, 오직 그 말씀만이 승리하며 영영히 선다. 이 말씀이 곧 종말에 모두를 심판하실 바로 그분의 말씀이다.

어디를 바라보며 무엇을 붙들고 있는가? 어디에 집착하고 있는가? 어디에 투자하며, 어디에 정열을 쏟아붓고 있는가? 천국은 갑자기 완성될 것이다. 그리고 그 뒤에는 '뜻밖의' 심판이 있을 것이다.

"광야로 가사"_ 마 4:1

황홀한 기다림

성도의 인내는 단순해 보이지만, 너무도 기적적인 것이다. 생각해 보라. 인내는 똑같다. 누구나 시간 속에서 기다린다. 무엇인가를 기다린다. '혹시' 하면서 기다린다. 그런 기다림은 기약이 없다. 일시적이다. 끝이 허무하다. 하지만 성도의 기다림은 기적적이다.

성도 역시 기다린다. 하지만 성도의 기다림, 성도의 인내는 다르다. 지고 있어도 사실은 이기고 있다. 이미 승리하셔서 부활하시고 승천하시어 하늘 보좌 우편에 앉으신 그분을 기다리기 때문이다. 그분께서 주신 생명의 말씀이 그의 속에 심겨 자라고 있기 때문이다. 그분의 영이 우리 속에서 우리를 날마다 새롭게 하시기 때문이다.

성도는 이 세상에서 모든 것을 잃어도, 아무것도 잃을 것이 없는 사람이다. 이 세상에서 그 어떤 것을 얻어도, 그가 이미 그리스도 안에서 가진 것에 보탤 만한 것이 없는 사람이다. 그의 안에 장차 기다림과 인내로 받을, 그 영원한 생명이 이미 자라고 있다.

세상은 그 부와 허탄한 자랑과 함께 허무하게 흩어져도, 성도의 속에 심겨져 있는 그 생명의 말씀은 살아 있고 영원히 설 것이다. 모든 것을 잃어도, 그에게는 영원한 생명이 남는다.

이것이 성도의 자랑이다. 성도의 비밀이다. 두 마음을 갖지 않을 이유이다. 세상보다 크신 이가 그의 안에 거하시기 때문이다.

그래서 시간이 갈수록, 그는 더욱 새롭다. 영적 성숙의 표지는 그래서 아이 같은 심령이다. 그의 속이 날로 새롭기 때문이다. 사람들은 시간이 지나면 늙고 단단해진다. 모든 죽어 가는 것들은 단단해지고 닫혀 간다.

하지만 성도는 시간이 지날수록 점점 더 열린다. 점점 더

부드러워진다. 인내가 그를 독하게 만드는 것이 아니라, 천국이 가까워 올수록, 그는 인내를 통해 점점 더 순박하고 순전한 어린아이가 된다. 성도의 인내는 황홀하다. 아무것도 잃지 않고, 모든 것을 얻는 인내이다.

"그러므로 형제들아 주께서 강림하시기까지 길이 참으라"_ 약 5:7

눈물을 흘리며

한 걸음이라도

복된 주일이다. 서구 교회 역사 1,500여 년의 세월에 비하면, 이제 150여 년이 지난 한국 교회는 기껏해야 이른 사춘기를 지나고 있다고 해야 맞을 것이다.

그러니 너무 자책하거나 낙망하지도 말아야 한다. 사춘기 때는 힘은 넘치고 생각은 짧으며, 뭐든 자기 뜻대로 될 듯이 생각하여 만용을 부리다가, 금방 깨지고 상처 나 주저앉기도 하지 않는가.

하루에 네다섯 끼씩 먹어 재끼고 쑥쑥 자라 몸은 금방 불어 나지만, 생각은 한없이 짧고 깊지 못하여 실수투성이인 그런 시절이다.

그러니 이제부터 만용이나 헛된 자랑은 다 버리고, 내실을 든든히 할 생각을 하면 좋겠다. 우리의 신앙의 선조들이 그렇게 사셨던 것처럼 정직하게, 바르게, 말씀대로, 순전하게, 착실하게 또박또박 살아가는 법을 배우면 된다.

재주보다는 본질을 따르고, 겉모양보다는 속사람을 채우고, 보이는 것보다는 보이지 않는 나라의 거룩과 영광을 채우는 길을 가야 한다. 진짜 성도, 진짜 교회가 되는 길을 가야 하는 것이다.

어리숙하고 뒤죽박죽인 사춘기가 지나면, 그래도 뭔가 조금 점잖고 사람같이 보이는 청년 시절도, 그리고 그보다 원숙한 장년 시절도 우리에게, 이 땅의 교회에 찾아올 것이다. 그날을 위해 오늘 더 진실하게, 한 걸음이라도 더 진실하게 걸어보자. 참으로 복된 주일 아닌가.

> "우리가 선을 행하되 낙심하지 말지니
> 포기하지 아니하면 때가 이르매 거두리라"_ 갈 6:9

가짜 재림 예수들의 참을 수 없는 초라함

주의 재림에 대한 마태복음의 묘사를 살펴보면, 종말에 거짓 그리스도들과 거짓 선지자들이 세상을 미혹하는 특징들이 잘 드러난다. 이런 '가짜'들은 숨어서 '사람들' 사이에 소문을 낸다. 소문의 내용은, '여기 있다, 저기 있다'(마 24:23)이다. '광야에 있다, 골방에 있다'(마 24:26)는 식으로 사람들을 시켜 소문을 낸다. 우습고도 초라하다.

그런데 '인자'(Son of man)이신 주님이 다시 오실 때는, 어떤 식으로 오신다고 하는가? 땅의 모든 사람이 볼 수 있고, 모든 사람이 들을 수 있는 공개적인 방식으로 오신다. 번개가 동에 번쩍 서에 번쩍 하듯이 한 번에 나타나 보이신다(마 24:27).

그리고 하늘로부터 온 땅에 들리도록 큰 나팔 소리를 내신다(마 24:31). 하늘과 땅을 뒤흔들며 오신다. 구름 같은 많은 천사들을 대동하고 오신다. 택한 자들과 또한 온 민족을 그 앞에 모으신다(마 25:31-46). 이게 무슨 소린가 하면, 우리 주님의 오심은 수준이 '창조주'급이라는 뜻이다. 숨어서 하지 않으신다. 하늘에서 보이시고, 온 땅에 다 들리게 오신다.

당연하다. 왕이 나타나시는 것이니 온 나라, 창조 세계가 다 보고 듣게 오시는 것이다. 그런데 이 '가짜 지질이 자칭 그리스도'들은 골방에, 어디 구석에 숨어서, '사람들'에게 비밀리에 소리 소문을 내는 식으로 '재림주'(再臨主) 행세를 한다.

이게 무슨 '차이'인가 하면, 창조주와 피조물의 차이라는 것이다. 가짜 그리스도들은, 그 '나타남'에 있어서 창조주요 전능자이신 주님과 전혀 비교할 수 없다. 그 나타남에 있어서 그 '급'(級)의 차이는 말로 할 수도 없다.

혹시, 미국 대통령이 한국에 아무 소리 소문도 없이 왔다가는 것이 가능한가? 이것도 불가능한데, 하물며 창조주요 심판주이신 분이 오시는 일이겠는가? 왔다는 소리를 누구에게 들을 필요도, 알아볼 필요도 없다. 그렇게 알게 되는 '재림 예수, 하나님'은 100퍼센트 사기꾼이기 때문이다.

이런 가짜 그리스도들이 한국 교회에 줄곧 있어 왔는데, 찾아보니 45명이 넘는다. 최근의 대표적 가짜는 이만희 신천지, 정명석(JMS) 기독교복음선교회, 안상홍 하나님의교회 등인데, 한 줌 먼지만도 못한 인간들이 창조주요 심판주 흉내를 내고 있다.

마태복음 24:29-31 말씀을 통해 보면, 그들은 정말 지질한 존재들이다. 그 정도의 '급'으로 창조주 흉내를 내려 하다니 어처구니없는 일이다. 백 보 천 보 양보해서, 최소한 구름을 탈 줄 아는 자들부터 고려 대상이다. 아예 숨어서 나타나지 않는 부류는 모두 기초 체력도 안 되는 가짜로 간주해도 좋다.

> "그때에 인자가 구름을 타고
> 큰 권능과 영광으로 오는 것을 사람들이 보리라"_ 막 13:26

'헛되고, 헛되고, 헛되니' - 전도서 다시 읽기

'허무'(虛無)는 살아 활동하는 '무저갱'(無底坑, abyss), 말 그대로 밑바닥이 없는 구덩이이다. 무엇이든 일단 그 구덩이 입구에 발을 디디면, 걷잡을 수 없는 힘으로 빨아들여 밑도 끝도 없는 흑암 속으로 끌고 내려가기 때문이다. "헛되고, 헛되니, 모든 것이 바람을 잡으려는 것이로다." 전도자가 깨달은 그대로이다.

아직 무엇인가를 이루어야 하고, 살기에 바쁘고, 누려 보지 못한 인생의 기쁨이 기다리고 있다면, 삶이 허무하다는 느낌은 그다지 강렬하지 않을 것이다. 하지만 나이가 지긋이 들어 가며 인생의 저녁노을이 언뜻언뜻 비쳐 오면, 삶은 쉽게 무기력해지고, 자주 무의미하게 느껴지기 시작한다. 결국 덧없다는 생각 때문이다.

전도서는, 역설적이지만 '죽음의 그늘'이 우리의 삶에 얼마나 강렬히 살아 숨쉬고(?) 있는지를 일깨워 준다. 삶은 죽음에게로 다가가는, 느리지만 확실한 걸음일 뿐이다. 저 멀리 허무의 언덕을 지나 건너야 할 죽음의 출렁이는 강물 소리가 조금씩 선명해질수록, 삶은 부쩍 덧없고 무의미하게만 느껴진다.

하지만 어둠이 깊을수록 별빛이 더욱 빛나듯, 그 반대도 강렬해진다. 한국 근대의 천재적인 소설가 이상(李箱)이 깊은 병에 들었을 때, 그가 가장 맛보고 싶어 했던 것은 시디신 레몬이었다. 죽음의 그늘이 짙어질수록 생명에 대한 갈증은 도드라진다. 모든 것이 허망하고 무의미한 허탈감의 땅거미가 깔리지만, 그 와중에 뜨거운 모닥불이라도 피워 보고 싶은 '생

(生)에 대한 욕구'도 불타오르기 마련이다.

그래서 사람들은, 전도서가 전하는 지혜의 핵심을 요약할 때 '죽음을 기억하라'(*memento mori*)는 것과 함께, '오늘을 붙잡으라'(*carpe diem*)는 격언을 덧붙이기도 한다. '죽음을 기억하라'는 것은 '모든 것이 헛되다는 사실을 받아들이라'는 겸허함을 요구한다. 그것은 어려운 일이다. 죽음 자체가 인간에게 결코 자연스럽지 않기 때문이다. 인간은 원래 '영원하신 하나님과 더불어 살도록' 지음받았기 때문이다.

마찬가지로 '오늘을 붙잡으라'는 야심찬 지혜도 제정신이 아니거나 보통 실력이 아니면 어려운 일이다. 헛되지만 아직 남아 있는 선물 같은 일상(日常)에 감사하고 집중할 수 있어야 하는데, 어차피 허무한 일, 끝나면 없어질 '무의미'한 일인 줄 알면서 집중한다는 것이 그리 쉽지 않기 때문이다.

그런데 정말일까? 정말 이 모든 것이 허무한 채로 다 끝나는 것인가? 전도서를 읽는 사람들은 전도서가 간파한 이 현실의 실재(reality)의 한 단면에 지나치게 몰입하는 경향이 있다. 실제로, 허무의 그늘은 짙고 넓으며 죽음의 계곡은 험하고 깊다.

하지만 성경은 그 이상을 알려 준다. 성경에서 전도서는 하나님의 '전체 계시의 말씀'의 일부이다. 전도서를 품고 있는 성경 전체는, 허무함 그 이상의 '살아 있는 소망'의 복음, 기쁜 소식을 전하고 있다.

실제로 전도서에도 그런 힌트가 남아 있다. 전도서는, 지혜와 어리석음이 별다를 것 없는 죽음과 허무의 골짜기에 묻혀 버린다는 것을 인정하지만, 이 모든 날들이 지나가기 전에 '하나님을 두려워하고, 그분의 심판'을 기억하라고 권면한다. 그리고 심판은 구원과 동전의 양면처럼 함께 일어나는 사건이다.

전도서는 단지 '죽은 후의 심판'만을 말하지만, 전도서 이후에 펼쳐지는 하나님의 계시는 그 '심판의 이면인 구원, 영원한 생명'에 대해서도 알려 준다. 그러니까 전도서가 우리로 하여금 직시하게 만드는 인생의 피할 수 없는 현실을 받아들여야 한다.

하지만 동시에, 죽음과 허무의 그늘 한복판에, 하나님께서 심으신 '영원한 생명의 씨앗'이 꽃피고 있음도 보아야만 한다. 그 차디찬 허무의 땅 한복판에, 하나님께서 보내신 그 아들의 거룩하고 영원한 긍휼의 불길이 타오르고 있음도 직시해야 하는 것이다.

인간은 '허무'를 극복할 만큼 멋있고 한가한 존재가 아니다. 허무는 우리가 우리의 지혜로 극복할 수 있을 만큼의 어둠이 아니고, '오늘을 즐길 줄 아는' 우리의 여유로 건널 수 있는 얕은 강이 아니다. 인간은 살아 있는 한, 이 허무의 강력에 짓눌리고 종노릇할 수밖에 없다.

이 죽음과 허무의 강력을 파하시는 그 아들의 생명, 그 부활 생명과 영원하신 하나님의 임재만이 우리로 하여금, 이 허무한 땅에서 진정으로 영원한 삶, 생명의 삶, 사랑의 삶을 위한 기회를 붙잡게 만든다.

허무를 이기는 것은 '오늘을 붙잡는 감사와 여유의 지혜'가 아니다. 허무는 그렇게 만만하지 않다. 우리로 하여금 허무를 이기게 하는 것은, 그 아들이 주시는 영원한 생명, 그 아들을 우리에게 보내 주신 아버지 하나님의 영원한 사랑밖에 없다.

하나님의 '유기적이고 점진적인 전체 계시' 안에서 전도서를 읽을 때, 우리는 전도서가 전하고자 하는 냉철한 지혜를 복음의 크고 온전한 그림 안에서 의미 있게 받아들일 수 있다. 삶은 실로 허무하다. 그것을 직시해야 한다. 우리는 죽음을 향하여 걸어가고 있다. 우리는 '정녕 죽으리라'는 선고를 받은 죄인들이기 때문이다.

하지만 허무의 언덕 '저편, 죽음의 강 저편'으로 걸어가고 있는 것도 사실이다. 그래서 전도서가 말하는 대로 '죽은 후의 심판'을 기억하며 살아야 한다. 동시에, 그 심판의 하나님께서 이 허무한 땅에 보내신 그 아들의 '영원한 생명'을 믿음으로 받고, 소망으로 누려야 한다.

그럴 때에만, 오직 그럴 때에만, 진정으로 '오늘이라는 시간 동안 영원한 생명, 사랑의 삶에 집중할 수 있는' 진정한 여유를 얻게 된다. 우리의 '멋진 깨달음'이 아니라, 오직 '영원'만이 '허무'를 이긴다. 복음은, 그 영원한 생명이 '이미, 여기, 이 허무한 땅에' 들어왔음을 알려 준다.

"태초부터 있는 생명의 말씀에 관하여는 우리가 들은 바요
눈으로 본 바요 자세히 보고 우리의 손으로 만진 바라
이 생명이 나타내신 바 된지라"_ 요일 1:1-2

돌이킬 수 없기 전에

'현재'나 '오늘'이라고 부르는 시간은 영원히 계속되지 않는다. 곧 끝이 온다. 주어진 기간 동안 마음대로 할 수 있다고 해서, 계속 영원히 그렇게 할 수 있는 것은 아니다. 잠시뿐이다. 만일 자신을 속이고 남을 속일 수 있다면 그 기간도 잠시뿐이다. 주어진 권력으로 힘이 없는 사람들을 섬기는 것이 아니라, 자신의 배만 불릴 수 있는 것도 잠시 잠깐뿐이다.

영적 치매는 하나님 백성의 고질병이다. 은혜로 그분의 나라에 들어왔지만, 그들은 그들이 서 있는 근거를 곧 잊어버린다. 하나님께서 주신 것에 취해 그것을 주신 하나님을 잊는다. 처음에는 수치를 느낀다. 스스로 잘못한 것을 부끄럽게 여긴다.

하지만 시간이 지나면, 자신의 죄를 숨기지 않는다. 도리어 변명한다. 죄를 변호한다. 더 악해지면, 죄를 죄 아니라고 우기기 시작한다. 선을 악이라고 몰아세운다. 악을 선이라고 변호하고 선전하고 믿게 만들려 애쓴다. 여기서 그치지 않는

다. 그들은 악을 영구적으로 존속시키기 위해 선을 죽이려 든다. 죄인이 의인을 죽이려 든다. 거짓이 진리를 없애려 든다. 어둠이 빛을 삼키려 든다.

하지만 하나님의 음성을 듣고도 그것을 무시하며 듣지 않고, 그렇다고 해서 아무런 조치도 취하지 않고 수수방관하는 것 같은 하나님 앞에서 제 소견에 옳은 대로 살 수 있는 것도 잠시뿐이다. 끝이 없는 시작이 없듯이, 심판이 없는 특권도 없다. 사람이 심판을 피하지 못하는 이유는 죄 때문이 아니라, 그 죄에서 돌이키지 못하기 때문이다.

내가 말씀을 지키면 말씀이 나를 지켜 준다. 내가 말씀을 버리면 그 말씀이 나를 심판한다. 그날, 그분 앞에 서는 그때를 염두에 두고 판단하고 선택하며 사는가? 믿음으로 사는 것은 그런 것이다. 과연 믿음으로 사는가?

> "이러므로 너희도 준비하고 있으라 생각하지 않은 때에
> 인자가 오리라"_ 마 24:44

영원에서 순간으로

복음은 우리에게 이렇게 속삭인다. '내게 5분만 주오. 단 5분만. 눈을 감아 보오. 그대에게 준 나의 약속, 그 영원한 약

속만을 생각해 보오. 그대의 거듭난 심령 속에 살아 숨 쉬는 그 진실한 소망, 그대가 나를 만날 소망, 내가 그대를 만날 소망, 얼굴과 얼굴을 맞댈 소망. 나와 함께 영원한 나라, 의와 거룩과 화평의 땅에서, 찬연히 빛나는 새 하늘과, 다시는 죽음과 저주가 없는 새 땅에서 나와 영원토록 살 소망을 위해, 그대 눈을 감아 보오. 잠시만, 이곳에 머무르시오. 조금 더, 이 영원에 머무르시오.'

모든 것을 내려놓고 참으로 묵상해 보라. 당신의 사역, 당신의 짐, 당신의 걱정, 당신의 불안, 당신의 일정, 당신의 생각, 당신 자신을 내려놓고, 주님의 약속을 붙들어 보라. 주님을 바라보라. 주님의 빛나는 얼굴, 그 형상을 바라보라. 주목하여 바라보라.

당신은 그분과 함께 영원을 산다. 그분과 함께 있어 영원이지만, 단지 수십 년이 아니다. 백 년, 천 년, 만 년, 억겁 년, 그 긴 세월보다 비교할 수 없이 풍성한 영원을 그분과 함께 그분의 나라에서, 그분의 거룩한 백성과, 그 거룩한 나라에서 산다.

깊은 호흡을 들이쉬라. 당신은 영원에 잇닿아 있다. 그 영원의 끝자락에 걸쳐 있다. 영원이신 그분이 오셔서 당신의 심령에 거하신다. 당신과 함께 가신다. 십자가를 지나, 하늘을 지나, 심판을 지나, 새 하늘과 새 땅으로 가신다.

그분은 당신을 결단코 놓지 않으시리라. 신실하신 주님이시므로, 당신을 찾아와 영원 전부터 영원 끝까지 당신과 함께하기로 하셨으므로. 당신은 이미 영원을 살고 있다. 영원한 세월, 영원한 삶을 남겨 두고 있다. 영원한 삶이 당신을 기다린다. 거기에 머물라. 조금 더, 그 영원한 약속, 그 영원한 삶에 머물라.

이제 이 땅에서 사는 날들은 '남은 날들'이다. 왜 그런가? 앞으로 '살아가야 할 날들'이 아니라, 영원의 관점에서 볼 때, '아직 남아 있는 날들'인 것이다. 어떻게 살 것인가? 영원의 관점에서 살라. 남김없이 주께 드려도 하나도 아깝지 않은 날들이다. 당신에게는 영원한 날들이 영원히 펼쳐져 있지 않은가.

장차 우리가 받을 영광은, 지금 혹시 조금 누리게 될 영광과는 전혀 비교할 수조차 없다. '남은 날들'이다. 어찌 살다가 갈까. 다시는 돌아올 수 없는 이 땅에서 남은 잠깐의 시간이다. 그분을 얼굴과 얼굴로 뵙기 전에, 해야 할 일들이 있다. 찾아보라. 이 어둠 속에서 그분을 기억하고, 그분께 신실히 남아 있어야 하는 일들이 있다. 그분의 부탁들이 있다. 영원토록 뵐 그분께, 그날, 무어라 말씀드릴 것인가.

'순간에서 영원으로' 사는 것이 아니다. 신자는 '영원에서 순간으로' 사는 것이다. 고난을 통해 영광에 이르는 것이 아니다. 영광에 이르렀기 때문에 고난을 지나가기로 하는 것이다. 남아 있는 고난이기 때문이다. 이미 영광에 이르렀기 때문이다.

그분은 '그 앞에 놓인 영광스러운 즐거움을 위하여' 십자가 고난을 참으셨다. 그리고 하늘에 오르셔서 하나님 보좌 우편에 앉으셨다. 우리도 그분과 연합한 믿음으로 거기에 앉아 있다. 남아 있는 고난, 남아 있는 이 땅의 날들을 영광의 관점에서 살라. 영원의 관점에서 살라.

"그 후로는 다시 사람의 정욕을 따르지 않고
하나님의 뜻을 따라 육체의 남은 때를 살게 하려 함이라"_ 벧전 4:2

말씀의 끝

우리가 맞다. 이 길이 맞다. 말씀이 맞다. 이 길의 끝에는 정말 말씀 그대로일 것이다. 이 모든 일의 끝에는 무엇이 기다리고 있을까. 무엇이 있을까. 너무나 기대된다. 한 가지 분명히 아는 것은, 말씀대로 될 것이라는 사실이다. 새파란 18살을 지나, 멋모르고 날뛰던 20대, 한 아이의 아빠로 바빴던 30대, 책임을 지며 사는 40대, 바라볼 것보다 돌아볼 것이 훨씬 많아지는 50, 60, 70대.

하지만 성도들의 삶에는 돌아보면 한결같이 거기에 말씀이 계신다. 그들을 인도하셨던 말씀들. 그리고 그 말씀, 아버지의 말씀은 모두 참되고 진실하고, 실재했다. 믿음은 보이지 않는 것의 실상이라 했던가. 그대로이다.

지금 말씀은 우리에게 믿음을 요구하지만, 그 믿음의 결국은 말씀 그대로의 실재이다. 정말 놀라울 것이다. 모두 꿈만 같을 것이다. 우연치 않게 믿었지만, 뭐 어쩔 수 없이 참고 견디었지만, 말씀을 따라가는 이 길의 끝에는 또 하나의 놀라운 세계가 서 있을 것이다. 정말 놀라운 세계가.

눈물도 아픔도 죽음도 헤어짐도 없다고 했다. 나는 그 나라가 있다는 것을 안다. 늙어 가는 것이 이렇게 기대가 될 줄이야! 말씀대로 될 것이다. 말씀은 진실하므로.

어린양이 사자와 뛰놀고, 어린아이가 독사의 굴에 손을 넣어도 되는 세상. 날마다 뉴스에서 신문에서 보는 이 세상이 아니라, 아, 그 세상. 이 세상에서 간혹, 찬양 속에서 종종, 그리고 성령 안에서 간간이 맛보는 그 황홀하고 찬란하고 아름다운 나라. 그것이 있다는 것을 안다. 그 약속이 사실이라는 것을. 말씀이 그렇다고 하시므로.

그 길의 끝에 그 나라가 있고, 마치 한잠 잘 자고 깨어날 때도 여전히 그분과 함께 있었음을 깨닫듯이. 말씀의 끝에 우리는 그 나라에서 눈뜰 것을 안다. 아, 어찌 오늘도 이 길을 기쁨으로, 설렘으로 걷지 않을 수 있으랴.

"주께서 주신 결말을 보았거니와
주는 가장 자비하시고 긍휼히 여기시는 이시니라"_ 약 5:11

우리 다시 만날 때까지

악질 전염병 때문에 함께 모이는 일이 어려워지면서부터 가끔씩, 중세의 수도원에서 신앙을 유지했던 수도승들이 떠오르곤 했다. 정기적인 기도 시간, 짧고 간결한 만남, 때로 긴 침묵의 시간, 말없는 노동, 절제를 통해 더욱 풍성하게 열리는 내면과 영적 세계를 추구함으로, 다시금 하나님의 아름답고 거룩한 세계의 질서를 되찾아 갔던 그 신앙 말이다.

얼굴과 얼굴을 보고 마주 앉는 것 역시, 마음과 마음이 마주하는 진실한 만남에 열려 있을 때에만 유익할 뿐이다. 왜냐하면 실제로 만나도 만나지지 않는, 수없는 공허한 만남들이 있기 때문이다. 오히려 대면으로 만날 때, 그 만남에 반드시 있어야 할 진실한 만남의 요소들, 예컨대, 경청할 시간, 생각할 여유, 서두르지 않는 말, 내 속의 거짓을 거를 시간이 없는 경우가 많다. 이런 것들이 없어지면, 그 만남은 자주 무익한 다툼이 된다.

세 시간을 만나도 만남이 없는 만남도 있고, 삼 분을 만나도 진짜 만나는 만남도 있다. 대면으로 만나 예배드리며, '모이자. 돈 내자. 집 짓자'가 전부였던 시절도 있었다. 얼굴과 얼굴을 맞대고 만난다고 해서 만남이 보장되는 것이 아니듯이, 교회로 한자리에 모인다고 해서 코이노니아가 저절로 되는 것도 아니다.

코이노니아로서의 교회 안에는 반드시 예수 그리스도의 임재가 그 중심에 있어야 한다. 말씀의 임재와 그 말씀을 통해 온갖 거짓과 상처, 위선과 모순, 죄 된 욕망으로부터 우리를 해방하시고 자유하게 하시는 성령의 역사가 코이노니아의 중심에서 일어나야 하기 때문이다. 진실한 말씀의 나눔과 성령의 살아 있는 역사, 치유하고 회복하시는 역사가 없다면, 코이노니아는 대면으로 만날지라도 유흥에 그칠 뿐이다.

그렇다고 비대면으로 서로 떨어져 있다고 해서 저절로 진실한 만남이 되리라는 법도 없다. 교회가 흩어져 있는 상태에서, 말씀과 성령, 생명과 사랑의 나눔이 역사하는 코이노니아가 절로 되리라는 보장 역시 없기 때문이다. 하지만 서로를 직접 만나지 못할 때, 그 빈자리에서, 우리는 그간 잊고 지냈던 참된 코이노니아가 스며 들어올 빈 틈, 그 뜻밖의 공간을 맞이할 수는 있다.

상대의 말을 좀 더 오래 생각할 시간, 잘 들리지 않아서 더 경청해 볼 수 있는 공간, 내 말도 조금 가려서 하고 걸러서 해 볼 여유, 온갖 행사가 사라진 자리에서 펼친 성경, 예배를 보아도 허전했던 감정의 공백 속에서 열리는 기도, 하나님께 대한 갈망, 전염병과 불안, 싸움과 혼란의 세상에서 눈을 들어 바라보게 되는 새 하늘과 새 땅, 그 희망, 지금 나는, 우리는, 여기서, 어떻게 그 영원한 생명을 살아야 할까에 대한 묵상, 깊은 기도와 작지만 진실한 실천.

이런 요소들이, 교회를 깊게 할 것이다. 교회는 코이노니아이므로, 코이노니아가 깊어질 때 교회도 깊어질 것이다. 자기 언약 백성으로부터 자주 자신을 감추시고, 보이지 않게 하시고, 그 백성을 어둠 가운데 놓아두셨던 하나님, 우리가 더욱 그분을 찾고 그리워하고 갈망하게 하셨던 하나님, 그렇게 우리를 길러 오셨던 하나님께서, 오늘도 우리를 이 어둠과 고독 가운데서 더욱 그분께 가까이 이끌어 주시기를.

 기도한다. 길어지는 비대면의 침묵이 주는 뜻밖의 만남들이, '얼굴과 얼굴을 맞댄' 우리의 코이노니아를, 그 이전과는 같지 않게 하기를. 더욱 진실하고 풍성하게 하기를. 그때까지, 우리 다시 만날 때까지, 하나님이 우리 모두와 함께하시기를.

> "오히려 너희에게 가서 대면하여 말하려 하니
> 이는 너희 기쁨을 충만하게 하려 함이라"_ 요이 1:12

눈물을 흘리며

눈물을 흘리며 씨를 뿌리는 자는,
오늘도 아무도 알아주지 않는 곳에서
눈물을 흘리며 복음의 일에
순종하는 자는, 굳이 쉬운 길을 버리고

옳은 길을 가려고, 오늘도 눈물을 흘리며
빈 들에 서는 자는,

이런 순종이 무슨 열매를 맺을지
알지 못한 채, 갈라 터지고 메마른
심령에 오늘도 사랑과 뜨거운 희망의
말씀을 심는 자는,

그 은혜를 받고도 은혜로 여기지
않는 자들을 향해서, 오늘도
값없이 햇살을 비추시는 아버지처럼
온전한 자녀가 되려는 자는,

아무도 나와 있지 않은 예배당에서
홀로 자리를 지키며, 주의 백성
한 사람을 위하여 오늘도 눈물을
흘리는 자는,

오늘도, 내일도, 한결같이
눈물로 씨를 뿌리는 자는,

기쁨으로 그 단을
거두리로다.

"눈물을 흘리며 씨를 뿌리는 자는 기쁨으로 거두리로다"

_ 시 126:5

부록

제목 색인

ㄱ
- 가짜 재림 예수들의 참을 수 없는 초라함 235
- '거리'와 '의리' 165
- '겸손'의 신학적 정의_『지붕 없는 교회: 야고보서의 이해』 84
- 경건에 형제 우애를 106
- 공중의 새를 보라 197
- 과정은 시시각각 그 결과를 돌려준다_『코이노니아와 코스모스: 요한일서의 이해』 179
- 괜찮다 83
- 교회 안에 들어올 때마다_『긍휼의 목자 예수: 마태복음의 이해』 54
- 그때까지_『십자가와 선한 양심: 베드로전서의 이해』 41
- 그분 안에 거하는 자만_『긍휼의 목자 예수: 마태복음의 이해』 32
- 그분은 당신을 버리지 않으셨다_『지붕 없는 교회: 야고보서의 이해』 63
- 근묵자흑? 의와 거룩, 생명을 퍼뜨리는 자들!_『십자가와 선한 양심: 베드로전서의 이해』 150
- 긍휼에 불붙은 심령_『긍휼의 목자 예수: 마태복음의 이해』 208
- 긍휼이 흐르게 하라_『긍휼의 목자 예수: 마태복음의 이해』 214
- 기도 중에 오는 응답_『지붕 없는 교회: 야고보서의 이해』 178
- 기독교 정통 신비주의와 일상_『코이노니아와 코스모스: 요한일서의 이해』 138
- 기독교와 타인의 고통 146
- 끝까지 눈에 보이지 않는다_『긍휼의 목자 예수: 마태복음의 이해』 230

ㄴ
- 낯설어야 하는 것과 익숙해야 하는 것_『십자가와 선한 양심: 베드로전서의 이해』 184
- 너의 어둠을 밟으며_『코이노니아와 코스모스: 요한일서의 이해』 177

- 누구를 위한 힘이요 권세인가?_「긍휼의 목자 예수: 마태복음의 이해」 213
- 눈물을 흘리며_「신적 성품과 거짓 가르침: 베드로후서의 이해」 250

ㄷ
- 달라지고 싶거든_「십자가와 선한 양심: 베드로전서의 이해」 16
- 돌이킬 수 없기 전에 242
- 따뜻한 태초_「코이노니아와 코스모스: 요한일서의 이해」 43
- 뜻밖의 선지자 140

ㅁ
- '마음에 심긴 말씀'을 따라 변화되는, 듣기와 말하기 70
- 말씀 유전자_「지붕 없는 교회: 야고보서의 이해」 21
- 말씀과 세상_「코이노니아와 코스모스: 요한일서의 이해」 226
- 말씀을 배우는 자의 두 가지 덕 37
- 말씀의 끝_「지붕 없는 교회: 야고보서의 이해」 246
- '말'의 구속 – 그리스도인의 임무_「지붕 없는 교회: 야고보서의 이해」 68
- 메시지를 방해하지 않는 삶_「긍휼의 목자 예수: 마태복음의 이해」 135
- '몸'과 포스트모더니티 160
- 무관심과 오해 속에서도_「긍휼의 목자 예수: 마태복음의 이해」 154
- 문맥, 문맥, 문맥 24
- 믿을 만한 하나님, 믿을 만한 성도_「긍휼의 목자 예수: 마태복음의 이해」 112

ㅂ
- '번아웃'(burnout) 되는 사역자 92
- 번지 점핑 크리스천_「십자가와 선한 양심: 베드로전서의 이해」 76
- 보고 싶다 31

부록

- 부에 대한 책임과 심판_『지붕 없는 교회: 야고보서의 이해』 199
- 불쌍히 여기소서 86
- '비인격화'의 영 56

ㅅ
- 사랑에 관한 팡세(1)_『코이노니아와 코스모스: 요한일서의 이해』 97
- 사랑에 관한 팡세(2)_『코이노니아와 코스모스: 요한일서의 이해』 101
- '사랑이란 무엇인가?' 95
- 사명의 확인 91
- 사명인가, 생존인가_『긍휼의 목자 예수: 마태복음의 이해』 133
- 사역과 성장 94
- 삯이 소리 지르며 191
- 살리는 신학, 죽이는 신학 58
- 살아 있는 지식 34
- 삶으로 답을 써야 한다_『긍휼의 목자 예수: 마태복음의 이해』 126
- 상처 받은 그리스도인 42
- 생각하는 그리스도인 36
- 선을 행해야 하는 이유_『긍휼의 목자 예수: 마태복음의 이해』 121
- 선택_『십자가와 선한 양심: 베드로전서의 이해』 182
- 성경적 자기 부인_『긍휼의 목자 예수: 마태복음의 이해』 74
- 성경적인 '갑과 을'의 원리_『십자가와 선한 양심: 베드로전서의 이해』 192
- 성적 평가에 임하는 자세 129
- 세상이 가난하게도 부하게도 못 하는 사람 119
- 세속주의와 극단주의_『지붕 없는 교회: 야고보서의 이해』 73
- 시험 가운데서 기뻐할 이유_『지붕 없는 교회: 야고보서의 이해』 66
- 십자가를 통과한 신앙_『긍휼의 목자 예수: 마태복음의 이해』 81

ㅇ
- 아직, 가야 할 길이 있다_『긍휼의 목자 예수: 마태복음의 이해』 14
- 악해져 가는 방식 221
- 영원에서 순간으로_『십자가와 선한 양심: 베드로전서의 이해』 243

- 영원의 관점에서 220
- 예수 안에서 쉬는 삶_『긍휼의 목자 예수: 마태복음의 이해』 113
- 예수보다 크지 않다면_『긍휼의 목자 예수: 마태복음의 이해』 136
- 온전함을 사모하라_『지붕 없는 교회: 야고보서의 이해』 209
- 우리 다시 만날 때까지_『코이노니아와 코스모스: 요한일서의 이해』 248
- '육체로' 오셨다 211
- '의심의 해석학'을 의심함 28

ㅈ
- 자유하게 하는 말 174
- '작은 일'에 충실하려면 '큰 믿음'이 필요하다 123
- 잘한 일 149
- 재창조는 창조의 역순_『코이노니아와 코스모스: 요한일서의 이해』 217
- 제대로, 철저히 계산하라_『지붕 없는 교회: 야고보서의 이해』 187
- 죄인들의 죄 없는 친구_『긍휼의 목자 예수: 마태복음의 이해』 155
- 주께서 세우신 목적_『지붕 없는 교회: 야고보서의 이해』 61
- 지혜 중에 탁월한 지혜 131
- '지혜 충만'을 구해야 하는 시대_『지붕 없는 교회: 야고보서의 이해』 142
- '직통 계시' 화법 202
- 진리와 사랑 안에서, 함께 성장하기 47
- 진정성 18
- 질문하라 35

ㅊ
- 참된 두려움_『십자가와 선한 양심: 베드로전서의 이해』 228
- 처절하게 일상적인 신앙_『긍휼의 목자 예수: 마태복음의 이해』 127
- 청년들의 질문, '나는 어떤 사람인가, 무엇을 해야 하는가?' 88
- 친구를 위하여 157

ㅋ
- 코이노니아의 중심_『코이노니아와 코스모스: 요한일서의 이해』 51

- 크리스천 청년들과의 대화 115

ㅍ
- 피할 길이 없다 171

ㅎ
- '하나'의 영성_「지붕 없는 교회: 야고보서의 이해」 79
- 하나님의 마음으로_「긍휼의 목자 예수: 마태복음의 이해」 27
- 하나님의 열심과 하나님의 나라 195
- 한 걸음이라도 234
- 해야 하는 출발 258
- '헛되고, 헛되고, 헛되니' - 전도서 다시 읽기 237
- '호모 후밀리스' 222
- 황홀한 기다림_「지붕 없는 교회: 야고보서의 이해」 231
- 회개_「코이노니아와 코스모스: 요한일서의 이해」 173

성구 색인

구약
창세기
2:15 226

시편
37:9 222
126:5 252
139:16 90
139:23 183
139:23-24 92

예레미야
5:22 227

신약
마태복음
1:16 125
2:18 113
4:1 231
4:1-2 128
5:7 28
5:16 123
5:48 74
6:30 199
7:20 126
9:11 157

9:36 149
11:28 115
14:36 153
16:25 135
17:9 16
18:1 138
18:33 209
18:35 56
19:5 191
20:28 214
20:31 87
24:44 243
25:19 221
25:40 43
26:75 83
27:41-42 155

마가복음
13:26 237

요한복음
1:14 34
4:9 36
10:10 95
13:1 150
15:5 34, 94
15:7 32

15:13 160

로마서
8:22 142

고린도전서
6:19 165

고린도후서
3:3 136
4:7 68, 83
5:17 17
10:5 37

갈라디아서
6:2 118
6:7 203
6:9 235

골로새서
2:23 76

디도서
2:14 197

야고보서
1:2 130
1:4 41, 63, 211
1:5 133
1:9 121
1:13 66

1:19 72
1:21 23
2:16 213
2:18 172
2:19 81
3:6 70
3:13 145
3:17 177
4:10 86
4:15 189
5:1 202
5:4 192
5:7 233
5:11 179, 247

베드로전서
2:16 79
2:17 229
3:18 170
4:2 246
4:12 186
5:5 194

베드로후서
1:7 107
1:19 40
1:20 27
3:11 219
3:16 31

요한일서

1:1 46
1:1-2 242
1:3 54
1:7 178, 181
1:8 21
1:9 174
2:4 140
2:15 101
3:17 216
3:24 51
4:9 60
4:10 97
4:11 58
4:18 106

요한이서

1:12 250

이레서원 출간 도서

『긍휼의 목자 예수: 마태복음의 이해』(신약의 이해 ①)
채영삼, 152*223, 488쪽
저자는 마태복음을 여는 핵심적인 열쇠를 '긍휼의 목자 예수'로 보고, 이 열쇠를 통해 마태복음의 보고를 펼쳐 놓는다. 마태복음 전체의 학문적인 논의를 기초로 하면서도 사변적인 논쟁을 과감히 생략한 후 마태복음의 깊은 의미를 아름다운 일상의 언어로 풀어낸 신학적·영적 강해서이다.

『지붕 없는 교회: 야고보서의 이해』(신약의 이해 ②)
채영삼, 152*223, 398쪽
깊이 있는 신학적 통찰과 냉철한 철학적 사고를 바탕으로 야고보서 본문의 원의를 명쾌하게 드러낸다. 외적으로 성장하고 있는 것 같지만 교회에 여전히 미숙하게 남아 있는 신앙의 실천적 과제들을 '나뉜 마음, 심긴 말씀'이라는 야고보서의 주제와 연결하여 심도 있게 다룬다.

『십자가와 선한 양심: 베드로전서의 이해』(신약의 이해 ③)
채영삼, 153*223, 476쪽
베드로전서의 철저한 본문 이해 가운데, 세상에서 비난과 적대감에 직면해 있는 교회를 향한, 세상을 이기는 해법을 소개한다. 십자가는 하나님이 우리에게 오신 길이지만, 동시에 우리가 세상 한복판을 지나 하나님께로 이르는 순례의 길이기도 하다. 베드로는 그 길을 거듭난 심령이 회복된 '선한 양심'의 길이라고 부른다.

『신적 성품과 거짓 가르침: 베드로후서의 이해』(신약의 이해 ④)
채영삼, 152*223, 544쪽
"이 책은 세상 친화적인 한국 교회를 향해, 베드로의 유언과도 같은 교훈을 생생하게 들려준다. 저자의 능숙한 본문 해설과 뜨거운 열정을 통해 베드로는 살아 있는 음성이 된다. 그 음성은 다름 아닌 하나님 그분의 음성이다. 이 책을 집어 들고, 거짓 교사들과 종교 장사꾼들을 준엄하게 꾸짖으시며 세상에 취한 교회를 향해 간곡히 호소하시는 하나님의 음성에 귀를 기울이라."(길성남 교수, 고려신학대학원)

『코이노니아와 코스모스: 요한일서의 이해』(신약의 이해 ⑤)
채영삼, 152*223, 576쪽
저자는 '코이노니아로서의 교회'를 교회의 본질로 규정한다. 교회는 '악이 지배하는 세상' 속에 존재하기에 필연적으로 그 속에서 '세상을 이기는 진리와 사랑의 코이노니아'의 모습으로 나타나야 한다. 한국 교회는 오랫동안 부흥주의와 물량주의로 인해 참된 코이노니아를 상실했다. 저자는 이 코이노니아를 재생하여 독자들에게 생생하게 부각한다.

『공동서신의 신학: '세상 속의 교회', 그 위기와 해법』
채영삼, 152*223, 800쪽
저자는 사회 속에서 도전에 직면한 교회의 본분과 사명이라는 주제가 바로 공동서신 전체를 아우를 수 있는 중요한 주제라고 보고, 현재 세속화의 강력한 도전에 직면해 있는 한국 교회에 공동서신이 매우 적실한 성경이라고 주장한다.

『삶으로 드리는 주기도문』
채영삼, 124*182, 208쪽
주기도문은 하나님 나라가 온전히 이루어지기를 기다리며, 이 땅에서 그 나라 백성으로 살아가기 위해 반드시 붙들어야 할 기도이다. 독자들은 이 책을 읽어 나가는 가운데, 하나님의 뜻을 따라 기도하시고 그 기도대로 사셨던 예수님의 뒤를 따라가는 길을 안내받게 될 것이다.

『코이노니아 성경 해석 가이드북: '만남과 사귐'의 성경 해석학을 위한 해설서』 채영삼, 140*200, 88쪽
채영삼 교수가 제안하는 '코이노니아 성경 연구'란 전문적인 성경 주해(Exegesis)와 개인 묵상(QT) 중간쯤의 연구 방법으로, 성경 주해의 기본 원칙들을 포함하면서도 해석자 자신이 본문과의 '만남과 사귐'을 통해 적극적으로 주해에 개입하고 그 말씀대로 변화되기를 유도하는 방식이다. 이 새로운 방식은 '만남, 듣기, 대화, 그리고 응답'으로 구성된 단계를 따라, 여러 질문과 그 해석법을 제시한다.

■ 〈믿음의 재발견〉 시리즈 (책임 편집자: 마이클 리브스)

『기도하는 즐거움』 마이클 리브스, 124*182, 88쪽
기도는 삼위 하나님의 사랑의 교제에 참여하는 즐겁고 복된 일이다. '기도'에 대한 수많은 책이 있지만, 이 주제를 새로운 관점과 깊이 있는 신학과 아름다운 문체로 이야기할 수 있는 방법이 여전히 남아 있음을 보여 주는 책이다.

『두려움 없는 전도』 폴 윌리엄스, 124*182, 136쪽
막상 복음을 전하려고 하면 막막하다. 어떤 말로 시작해야 할지, 어떻게 대답해야 할지 몰라서 두렵기도 하다. 이 책에서는 성경과 저자 자신의 경험에 비추어, 그 두려움을 극복할 수 있는 실제적인 방법을 알려 준다.

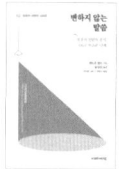

『변하지 않는 말씀: 성경의 선함과 유익, 그리고 모순과 난제』
앤드루 윌슨, 124*182, 120쪽
이 책은 성경에 관한 책이고, 예수님을 출발점으로 삼는다. 저자는 성경의 일관성(정합성), 권위, 영감, 중심(그리스도), 정경, 성취, 명확성, 충분성 등을 뛰어난 문체로 설명한다. 이는 성경을 하나님의 말씀이라고 정의할 때 사람들이 가질 수 있는 의문과 반대 의견을 다루기 위한 틀이 되기도 한다.

『담대한 믿음: 모든 상황에서 예수님을 신뢰하는 법』
조너선 스티븐, 124*182, 72쪽
두려움을 해결하는 방법은 예수님이 어떤 분인지를 알고 그분을 온전히 믿는 것이다. 이 책은 마태복음 8장에서 예수님이 폭풍을 잠잠하게 하신 사건을 극적으로 재현하고, 마태복음 17장에서 예수님이 말씀하신 '겨자씨 믿음'을 설명하면서, 우리가 예수님의 제자로서 담대한 믿음을 가질 수 있도록 안내한다.